Kinder brauchen böse Eltern

好孩子需要
"坏"父母

〔德〕提尔·巴斯蒂安 著　张迪 译

黑龙江教育出版社

图书在版编目（CIP）数据

好孩子需要"坏"父母/（德）巴斯蒂安著；张迪译
—哈尔滨：黑龙江教育出版社，2010.7
ISBN 978-7-5316-5586-2

Ⅰ．①好… Ⅱ．①巴… ②张… Ⅲ．①家庭教育
Ⅳ．①G78

中国版本图书馆CIP数据核字（2010）第146297号

Title of the original edition:
Author: Till Bastian
Title: Kinder brauchen böse Eltern: Erziehung zur Selbständigkeit
Copyright © Militzke Verlag GmbH, Leipzig (Germany)

好孩子需要"坏"父母
HAOHAIZI XUYAO HUAI FUMU

作　　者	〔德〕提尔·巴斯蒂安
译　　者	张　迪
选题策划	宋舒白　宋怡霏
责任编辑	宋舒白　宋怡霏
装帧设计	Metis 灵动视线 TEL.010-85983452
责任校对	石　英
出版发行	黑龙江教育出版社（哈尔滨市南岗区花园街158号）
印　　刷	北京燕泰美术制版印刷有限责任公司
开　　本	889×1194毫米　1/24
印　　张	8
字　　数	155千
版　　次	2010年9月第1版
印　　次	2010年9月第1次印刷
书　　号	ISBN 978-7-5316-5586-2
定　　价	24.00元
版权登记	08-2010-023

目　录

前　言

　　马丁与我的儿子亚历山大同岁。他们 6 岁的那年夏天，有一次马丁来找亚历山大玩。晚上五点左右的时候，马丁的妈妈来接他回家。马丁的妈妈是一个讨人喜欢的、略显内向的年轻女性。我对她的了解并不多，只是大略地知道，她是一名职业女性，她的收入维持了家里的大部分开销。而马丁很长时间以来都不愿意回家。那天我带着他走出儿童游戏室，爬上楼梯，送他到家门口，一路上他的情绪特别低落。其实，马丁和我家亚历山大认识的时间并不长，平时的来往也不是很多，但是每当他们一起搭积木、玩模型的时候，他俩就会完全沉浸在游戏的世界里，在那个世界中陪伴他们的只有那些积木和形状各异的模型。要将他们从游戏的世界中拉出来，自然不是那么容易。

　　在家门口，我和马丁的妈妈聊了一会儿，马丁和亚历山大马上就都要去小学报名了，所以我们自然有话题可聊。马丁的情绪还是一直很差，不停地闹着小别扭，这让马丁的妈妈有些尴尬。她用手臂环着马丁的肩膀，但马丁却立即对这个亲昵的动作表现出了极大的排斥，他高高地撅着嘴巴，猛地一脚踢向了妈妈的小腿。随后还一直重复这个动作，并且还越来越快。

　　马丁一直没有停下来，甚至连我都制止不了他。"现在立刻给我住手，不准再踢你的妈妈了！"最后我不得不大声吼道。

　　然而马丁却只是用他那大大的眼睛固执地盯着我。"为什么？"他用一

种好奇的带有挑衅意味的语气问道。其实，他肯定是知道答案的。

"因为那会让她很痛。"我快速回道。

最后马丁甩开了妈妈，自己闷闷不乐地走上汽车。他的妈妈微笑着向我道别，带着一丝尴尬。她自己或许也知道，要避免这种事情的再次发生，仅依靠她一个人的力量是不行的。

位于大西洋背面的梦幻国度——美国，对于我们所有德国人而言，是一个带有神秘色彩的、令人神往的地方。在如何对待孩子这个问题上，美国人与德国人也有不同的答案。但是，无论是美国父母，还是德国父母，他们都会遇到一些相似的问题，例如，夫妇是否该约束孩子以及该如何约束孩子。然而，针对这个问题，美国和德国的父母们都还没有找到一个确切的答案。戴安娜·艾伦赛夫特（Diane Ehrensaft）是美国著名的心理学家兼儿科专家，同时她还是两个孩子的母亲。她在自己的著作《当父母太……》[①]中，描写了一个所有读者都经常见到的场景，并以此作为自己著作的开篇文章。这本书对于父母具有很高的阅读价值。

戴安娜·艾伦赛夫特谈到创作的灵感时，说自己著书的原因源于一次到朋友家的聚会。"有一次，我被朋友邀请到家里吃饭。朋友有一个5岁的小女儿，名叫米兰达。当大人们坐在餐桌旁聊天的时候，米兰达骑着她的脚踏车，绕着餐桌不停地转圈。她制造的噪音如此的扰人，以至于我几乎听不清任何人讲话，并且我的眼睛也都被她绕花了。我更不能清醒地思考。'米兰达制造这么大的噪声，你们为什么还要一直纵容她？'我问道，'为什么没有人阻

[①] 戴安娜·艾伦赛夫特：演讲著作《当父母太……为什么孩子得到了一切，但是却没有得到他们真正需要的呢？》，斯图加特，2000。

止她？'但是没有人附和我的提议，米兰达依旧制造着噪音。最后，我不得不亲自去制止米兰达，而我的这一举动却让米兰达的父母感到十分震惊。我用和善的语气对米兰达说，让她自己去找一个噪声较小的玩具来玩，如此我们大人才能继续我们的谈话。她还算是听话，自己去坐到了离餐桌不远的儿童木马上，但是木马上的弹簧又被她弄得响个不停。最后，我不得不放弃。

"稍后，我就开始不停地思考：这个孩子对于我的朋友们而言，究竟是什么？为什么他们能够纵容这个孩子以这种方式来影响自己的生活，为什么他们要随时准备忍受这样难以入耳的'音响效果'？他们原本都是十分理智的人啊。为什么他们允许自己的孩子——一个仅有5岁的可爱的小姑娘——为我们所有人带来生理上难以忍受的折磨？仔细琢磨了许久之后，我开始意识到，在我们现在所生活的文化氛围中，一种影响深远的变化正在进行，也只有这种变化才能给我们提供一个合理的解释。一直到现在，我还是不太明白，当今社会，成为父母究竟意味着什么。对我们而言，成为父母这个话题会带来什么问题吗？有什么是我们可以改变的，又有什么是我们必须改变的？我们所用在孩子身上的教育风格已经过时了……"

和戴安娜·艾伦赛夫特一样，我也已经拥有了两个孩子，他们分别是现在已经9岁的小儿子多米尼克和前面提到过的亚历山大，亚历山大现在已经12岁了。我在写此前言的时候，他刚好在学校度过了自己郁闷的一天。时间是2001年极其普通的1月的某一天，当他放学回家后——他现在已经上高级中学（德国学制）二年级了——我刚为他打开家门，他就上气不接下气地立刻向我叙述了一件事，一件发生在当天艺术课课堂上的"丑闻"：一个学生将另一个学生惹得十分生气，最后导致后一个学生号啕大哭。老师将扰乱课堂纪律的那个学生赶出了教室，并在班级记录簿中给他记了一过。在这个转折点之后——按照亚历山大的说法是——一切事情都"失去了控制"。"你这个恶棍！"学生朝老师高声怒骂道，"浑蛋！"

孩子们都特别看重一件事，那就是向自己的父母暗示，我是很"酷"的。亚历山大尤其如此。白天发生在学校的事情让他感到不安，但他也没有试图掩藏另外一个事实：这次偶然的事件吸引了他，但同时也给他带来了恐惧。我问了他一个问题，在学校是否应该和言行粗鲁的同学发生言语或肢体上的冲突。他的回答是略带无助地耸了耸肩——当然不可以。

如果我是那个老师，我会怎么做？这个问题把我也难倒了，我自己也不知道。对于这种情况，我也很无助。

整个事件中，让我一直念念不忘的是这样一个问题：为什么事情会发展到如此地步。在有关学校事件的报道中，这种事情已经是屡见不鲜了，而发生在亚历山大身边的事情也只是众多事件中的最微不足道的一件。然而在现实中显而易见的是，几乎所有人都对这种事情无计可施，与好的事情应该被四处传播不同，在人们眼中，这种事情不应该被四处张扬或予以过多的关注。

现在有很多父母，他们会打自己的孩子，这并不是一种好的现象。现在还有一些孩子，他们会打自己的父母，这当然更不是一种好现象。不过与前者相比，后者发生的频率显然要低得多，尽管后者在过去的一年里频繁地登上报刊杂志，并且在那些文章中，大人们大肆讨论"恐怖的孩子"或者其他类似的恶劣人物（我将在本书的第三章中，再次提到这个问题，而本书第三

章内容的中心主题是"辈分之间的冲突")。①任何事情的发生都有一定的原因。当有些人在大肆宣扬由孩子们造成的"恐怖事件"时，他们有没有想过，隐藏在这些事件背后的真正原因是什么？

几年前，在德国有一本书，几乎是一夜之间红遍整个联邦，成为最畅销书籍，这本书有一个十分好记的名字——《小暴君》。②然而，这本吸引了成千上万父母前来购买的书籍，其内容只是统计了整个联邦有多少对父母，又有多少个孩子，以及数不尽的由孩子所犯下的"暴行"。如果孩子们真的如《小暴君》这本书中所描写的一样，喜欢对周围其他人实施"暴行"和"恐怖政策"的话，那么他们这种行为也是自父母那里学来的，并在父母的纵容下熟练运用这种方式对待他人。事实上真相究竟是什么样的呢？其实孩子之所以会做出这样的举动，根本不是因为他们身上存在着所谓的"残暴基因"。他们之所以会做出一些过分的、伤害到他人的举动，通常是因为他们想试探出自己的行为上限究竟在哪里。另外，当他们的一些行为得到其他人的"赞扬"时，他们会自然而然地想要重复做这些事情。

这样一来，父母们又该为孩子们的过失行为负责任了。或者换一种大家都能接受的说法：孩子们会做出某些"暴行"，是因为父母们的行为为他做了示范。

针对孩子们遭遇的这些错误教育，一种新的教育思想应时而生："孩子们必须自己去探寻，什么该做什么不该做。"这句看似简单的话确实具有一定的道理，但是如果父母们完全按照这个指示行事的话，那么真理在无限度地被夸大后也会变得扭曲。因为这样一来，情况很可能发展到另一个极端上：

———————————

① L.V. 芬肯斯坦（L.V. Fenkenstein）：文章《恐怖的孩子和他们的父母。儿童教育之路已经走到尽头了吗——或者是还没有开始？》，《南德意志报》，1995 年 8 月 26 日。这一问题引用了明镜周刊的封面话题"儿童教育之路已经走到尽头了吗？"(1988 年第二期)

② J. 普雷科普（J.Prekop）：书籍《小暴君》，慕尼黑，1988。

前面提到过的这一理论（即"孩子们必须自己去探寻,什么该做什么不该做"）无限上升,发展成另外一种说法:"父母对孩子的行为不应加以任何干涉,他们应该自己去探寻,什么该做什么不该做。"尽管后一种说法并没有被人明确提出来,但它确实是明显隐藏在第一种观点之后的。现在还真有一些父母主张完全开放式的教育。起初他们或许还在庆幸自己的孩子具有所谓的独立自主性,但最后终究有一天,他们会被自己的孩子折磨得疲惫不堪,然后不得不去寻求医生的帮助。让孩子们相信,所有与自己有关的问题自己都能解决,固然是好的（事实上,孩子们并不能做到这些……）,但是扪心自问一下,父母有必要将"独立自主"提高到这样的程度吗?

如果有父母起初采用完全开放式的方式教育孩子,然后在这种教育方式失败以后,又开始重新约束孩子（对于孩子而言,各种各样的约束好像是在某个时间,突然出现在自己生活中的）,那么孩子一时间肯定会很难理解父母的做法,会认为他们恣意专断,反复无常,所以这种前后不一致的教育方式应该尽量少出现,最好完全不要出现。好的教育方式是父母应该始终为孩子设定一些限制。如果孩子打破了某些来自父母的限制,会有什么样的后果呢? 其实,孩子偶尔做出一些所谓的出格的事情,并不是什么坏事,从某种程度上我们甚至可以说这是他们的权利——为了更好地了解这个世界是如何运转的,更好地去找到一条适合自己的发展之路,他们必须要这样做。对于已经适应了界限内规则的人群而言,如果有一天限制消失了,他们会很小心地去尝试踏到界限以外的地方,而一直被父母管着的孩子更是乐意如此,并且他们还会乐此不疲。至于父母究竟应该如何看待孩子们那些微小的、持续的、必要的逾越行为,那又是另外一个问题了。而这个问题也正是现在摆在您面前的这本书的中心话题。

第一章
以前的状况：太多没有原则的妥协

父母满怀热诚地期待自己的孩子来到这个世界，然后是一路辛苦地抚育和培养，直至他们在生理和人格上都能够独立自主。如此艰辛的一条路，然而父母还是做了这样的选择。或许每一对父母在选择养育孩子的时候，都有自己的理由和目标。但在成千上万个理由和目标中，对天下所有父母而言，有两样却是一致的：

首先，父母都希望自己的孩子能够有一个健康快乐的童年。与自己的童年相比，孩子的童年应该被营造得更加温馨、活泼、快乐、积极。（我孩子的童年应该比我当初的好……）

其次，父母希望自己的孩子喜欢自己，爱自己。这是一个基本的关于投入与收获的问题：父母千辛万苦地将孩子拉扯大，希望孩子爱戴自己，这是天经地义无可厚非的。然而现实中的情况是，孩子们经常让父母失望。（用民间俗语来说就是：人们永远也不要期望从孩子身上得到一样东西，那就是他们的感恩……）

任何人都不能因为父母有这两种期望而指责他们，因为这两种期望是完全合情合理的，且不会损害到任何其他人的利益。这种期望就像人们的感觉一样，是自然存在的，所以任何试图隐藏或否认这种期望的行为都是徒劳的，也是没有意义的。我们应该正视到，这是所有父母的一种最基本的需求。然而广为流传的一句话"我们只要最优秀的（孩子）"导致了父母养育孩子目的的偏差，从而引发了孩子与父母之间的一系列问题。这些问题原本就不简单，而现在某些错误的认知则又让这些问题越来越复杂。

孩子们都有什么样的需求及爱好？这个问题不能一概而论，但有一点是确定的：他们的需求和爱好与父母们的不同，有时甚至是完全相反的。当孩子与父母的利益不同时，因利益不同而产生的矛盾总会在某一天浮出水面，随之而来的可能还有程度更加剧烈的冲突。

不同辈分的人因为利益的不同而导致矛盾和冲突是一件十分常见的事情，也是一件情理之中的事情，历史中这样的例子随处可见。古希腊的大哲学家苏格拉底被当时的希腊人民控告，因为他们认为苏格拉底为希腊的青少年带来了恶劣的负面影响，毒害了他们，最后苏格拉底为此被判处死刑。而苏格拉底则一直对当时的希腊青年表示不满，他为希腊青年写的挽歌《当代青年》自出现之日起就一再被人们传诵。"存在于不同辈分人群之间的冲突，"心理分析学家沃尔夫冈·豪赫海默（Wolfgang Hochheimer）认为，"是人际交往之间最常出现的问题之一，这个问题产生于人类历史的开端，并伴随着人类的发展一直延续到今天。"①

毫无疑问，这种说法是完全正确的，但是还有待补充。存在于不同年代与辈分人群之间的问题无处不在，但是如今人们对于这种问题的看法和态度却已

————

① 沃尔夫冈·豪赫海默：文章《论辈分冲突之间的权威和性别角色》，刊登在《心理7》（*Psyche 7*）上，1966，第495页。

发生了很大的转变，与苏格拉底被审判时已有天壤之别。而引起这一变化的本质原因是，人们越来越注重和谐，尤其是不同辈分与年代人群之间的和谐。青少年与成年人的利益总是不同，每当这两个人群因为利益不同而发生冲突时，父母们总是会利用严厉的手段来做出对自己有利的选择，而这所有的一切在以前都被人们视为理所当然。生活在今天的孩童则幸运多了，因为这种来自父母的专制差不多已经从我们生活中消失了。但是父母与孩子之间的关系还是需要进一步改善，我们还需要做出多种努力来维系父母与孩子之间良好的互动，父母不仅不能再像以前一样，以绝对的专权暴力手段来对付自己的孩子，还要尽可能地减少孩子与父母之间的利益差异以及共同生活中的冲突，尽管有人说这些差异和冲突是无法避免且必然会出现的。最为理想的目标是，在父母和孩子的共同努力下，我们连丝毫差异和冲突的兆头都感觉不到。

有一件事是无可辩驳的：现在的父母越来越难做。尽管他们很少向周围其他人寻求帮助，但是各种教育孩子的建议、小窍门还是铺天盖地而来，最终将他们完全包围。此外，他们还要尽可能地掌握并熟悉"官僚手段"（这里指萝卜加大棒的政策，父母对待孩子应该刚柔并济，既不能一味地宠溺，只用怀柔政策，也不能只使用权威和暴力，对孩子实行铁血统治。对待孩子，父母应该学会合理地使用官僚手段，就像统治机构对待百姓一样，恩威并施）的应用，唯有如此，他们才有可能成为严格意义上的父母。对于很多人而言，成为合格或者成功的父母已经变成了严重的精神负担，他们一方面要注意自己的优点并加以保持发展，另一方面还要从他人的错误中吸取教训，进而避免自己犯同样的错误。现在，这种对父母的期望和要求已经变得无处不在了，父母要承担的义务也越来越明朗化。在这种备受压迫的情况下，父母要想维持原本不受约束的、自由自在的生活，自然也变得越来越难。

与此同时，父母能够陪伴在孩子身边的时间也在急剧减少。做父母的也意识到了这种情况，所以一旦他们能够陪伴在孩子身边，他们就总是会想方设法地使孩子们尽量度过一段轻松自在的美好时光。友好的家庭环境和和谐的共处氛围是需要所有家庭成员共同努力的，如果所有家庭成员都愿意为了这一美好愿望而共同努力的话，那么家庭成员之间因冲突而导致的不和、纷争和抱怨可以从一开始就被扼杀掉。当然，有些冲突是无可避免的，即使家庭成员有心扼制，它们说不定会在未来的某一天又突然浮出水面——并且通常还是在一个特别不适宜的时候……

现在，孩子与父母之间的问题越来越复杂，其主要责任应该由父母这一方来承担。由于父母花了太多的时间在工作上，所以可以用来陪伴子女的时间自然越来越少（现今社会中绝大多数父母正面临着这一状况，我自己也是如此）。"由于白天一整天都在工作，孩子被冷落在一旁，所以父母通常深感自责和内疚。下班以后，就会尽量不惹孩子生气，甚至做出讨好孩子的举动。一方面，父母总是担心，当自己没有陪伴在孩子身边时，孩子是否会受到伤害；另一方面，他们又希望孩子能够忍受现状，甚至希望孩子能够谅解自己。他们希望孩子能够向自己表明，当父母不在身边的时候，自己也能照顾自己，一切其实并没有那么糟。在这种矛盾心理的作用下，父母开始试图为孩子营造一个梦幻的王国：每天晚上父母下班回家后，孩子就成了家里的小公主或小王子。'我们已经亏欠了他们这么多（因为我们总是在他们成长的过程中缺席），我们怎能再对他们做出更多更过分的要求呢（当我们能够陪伴在他们身边的时候）？'所有受自责感折磨的家长们都几乎抱着这种心理。"[1]

---

① 戴安娜·艾伦赛夫特：演讲著作《当父母太……为什么孩子得到了一切，但是却没有得到他们真正需要的呢？》，斯图加特，第132页。

　　家长们这种内疚的心理十分常见，但是引起他们内疚的原因并不一定都是因为他们忙于工作。除却耗去父母们大多数时间的工作之外，可以造成他们内疚的原因还有很多，而这些原因，一部分是父母自身的原因，另一部分则是社会因素，比如现今社会对父母越来越高的期望和要求。我们注意到一件事情，当我们越是有计划地刻意地去做某件事的时候，事情往往越是会有出人意料的发展；当我们发现自己没有达到预定要求和标准的时候，我们会感到羞愧甚至难过。如果"摩登完美父母"有一个行为标准的话，如果这些标准以文字形式被固定下来的话（还有哪个已经为人父母的人可以信誓旦旦地说，自己的行为完全没有受到这些标准的影响），父母对自己的要求将会在无形中被提得越来越高。然而就是这样的一些父母，他们在实际生活中，常常感到沮丧，因为这些标准并不能使他们一直完全满意。"重新考虑该如何对待孩子，及时改变对待孩子的态度和方法，永远都不会嫌迟，并且也永远都不会多余。"在德国，曾经有一本流传甚广的有关儿童教育的专著，这本书最大的特色是它不同于当时流俗的一些作品，只凭借热门话题吸引看客前来购买，相反，书中叙述的内容真的具有一定的道理，作者甚至还首次提出了某些观点："你们的孩子从来都不是天使，但是你们却可以成为越来越出色的父母，可以做得比以往任何时候都好。"[①]这句话富含了人类的基本伦理道德，隐藏在这句话后的信息也很明了：做父母的永远都别想休息或怠惰，为了成为完美的父母，他们必须坚持不懈地、持续不断地努力。当他们的修为达到和上帝一样的水准时，让人满意的结果才有可能出现，尽管这种情况出现的概率近似为零。

---

　　① 鲁道夫·戴克斯（R.Dreikurs）和 E. 布鲁门塔尔（E.Blumenthal）：书籍《孩子和父母——朋友还是敌人》，斯图加特，1973，第 17 页。

现在"成为好父母"的这种意识蔓延的范围越来越广，人们对于父母的要求也越来越高。然而在这种高压下，父母没有变得"越来越好"，沮丧的、惭愧的、不满于现状的父母却越来越多。

当人们越来越严肃地看待生活，还处于幼儿园和小学的孩童就已经被赋予了众多厚望，父母对他们的要求也越来越高，下面的情况就变得十分棘手了：孩子们要满足这些人的所有愿望，最后导致一件事的发生——毕业考试变得十分重要。而这又导致了另一个后果：由父母与孩子组建的公共生活领域最终变成一个带有夹层的关系网。

一方面，现在的孩子被当做一个小大人来对待，他们需要面对来自父母和老师的高度期望，尤其是在学习成绩方面的高要求，所以他们从一开始就必须不懈地努力，唯有如此，他们才能在这个竞争激烈的社会中立足。（他们的日程表中总是写满了各种需要参加的，对他们而言十分重要的活动。）

另一方面，他们又都被当做天使一样高贵的"小公主"或"小王子"。当他们在自己的地盘上时，所有来自社会的各种期望和压力、他们需要承担的义务都被扫除一空，那时，整个世界就围绕他们而转，他们是那个世界的主宰。（当然这种情况是有一定的空间限制的……）

其实，孩子与父母之间之所以会存在这种特色分明的夹层关系，父母才是"罪魁祸首"，父母的矛盾心理、来自他们内心的激烈冲突促使了他们的行为，从而导致这一结果。在父母的心中，他们既想为孩子打造一个人间天堂般的生活环境，又想满足自己的愿望（所有的父母都希望自己的孩子能够成为杰出的人才）。孕育孩子一直被认为是人一生中最重要的事情——然而每位成为父母的人又都希望他们"人生中最重要的事情"可以尽可能少地改变自己原有的生活，最好能够完全不改变自己原来的生活，尤其是工作机会绝不能因此减少。鱼和熊掌不可兼得，要想将生活中各种矛盾协调一致的确很难，所以总是有人在感慨"人生不如意事十有八九"。情况是如此复杂，问题又难以解决，因孕育孩子而带来的冲突还在不断加剧（并且这些冲突在通常情况下还是不可调和的），这一切简直就像一道原料丰富的浓稠的调味汁一样———一团糟。针对孩子与父母之间的这种情况，一句具有指导意义的"至理名言"横空出世了："不要吵架就好。"

在一个家庭中，孩子与父母之间是否有过公然争吵的行为，对家庭的影响十分大。调查显示，从未有过公开争吵行为的家庭，其家庭成员之间的关系更为和谐，尽管争吵可以改善情绪。至于争吵为什么可以改善情绪，没有人可以说明原因，即使是吵架者本身也说不出具体的所以然来。然而除却这方面的原因，争吵对孩子的影响并不好。如果争吵的情况持续下去，父母也会受到不利的影响。

争吵造成的恶果主要体现在以下方面：一是直接加剧家庭成员之间的冲突，二是将冲突暂时隐藏起来，然后在未来的某一天更加剧烈地爆发。如果孩子和父母双方都能意识到存在于他们之间的不同利益并能正视它们，如果他们都能够真正设身处地地为对方着想并接受彼此间的差异，如果他们都愿意尽自己最大的努力，为这些不可回避的冲突寻求解决之道，那么父母与孩子之间的和谐关系也就指日可待了，孩子与父母之间亲善友好地相处也不再是异想天开的事情了。这样做的同时也意味着，父母与孩子之间应该有一定的约束关系，并且双方都应该自觉遵守这种约束关系。当孩子们总是要面对一堆规则的时候，他们自然是很反感的，尤其是当这些规则限制了他们的活动空间的时候。如果可以的话，他们也不愿意老是为了这种事情生气甚至发火，尽管他们有权为此恼怒。父母都希望自己在任何时候都是受孩子爱戴的，所以他们总是不能忍受孩子与自己的意见相左和孩子偶尔出现了幼稚脾气。有时为了营造一种完全是由父母单方面臆造出来的"和谐氛围",父母还会用一些很奇怪的行为方式做出一些很奇怪的事情欺骗自己的孩子,引诱他们站在自己的角度,用一种成人才有的眼光来看待问题。

人是群居动物,没有任何人可以完全不与他人交流地过着与世隔绝、离群索居的生活。由于每个人利益都不尽相同,所以矛盾和冲突自然应运而生。应该如何解决这些矛盾与冲突?有人提供了一块十分有效的试金石,借助这块试金石,人们可以断定一个人的"危机公关能力"。面对不同的利益群体时,这块试金石还可以指导当事人如何更好地调停各方利益。那么这块试金石究竟是什么呢?其实有关这块试金石的秘诀很简单,那就是面对冲突时,仔细想一下:"只有利用暴力手段才能解决这次的冲突吗,有没有其他更奏效的方法?"

在父母与孩子之间,暴力强迫是一件一直以来都普遍存在的事情。大人并没有考虑过——至少没有严肃认真地考虑过——孩子这个角色究竟代表着什么?他们也从未想过该如何严肃认真地对待自己的孩子——如同严肃认真地对待其他任何一个独立的作为人的个体。父母视孩子为依附于自己才能生存的后代,认为他们应该臣服于自己,当他们有任何忤逆行为的时候,理应受到鞭打。稍有能力的时候,他们就被迫去工作。即使体力不够,理性也还没有那么成熟,他们还是被当做一个完全成熟的大人来对待。更为不幸的是这种情况竟然还持续了几个世纪。首次引入"童年"这个词并将童年视为人生中的一个特殊阶段,是近代才发生的事情,"童年"这个词的发展几乎与工业化同步,也有可能就是社会的工业化才引发了人们对童年的重视和思考。"那时人们开始变得越来越重视童年,社会上甚至首次出现了专门研究童年意义转变的人，如亚力斯·德·茅瑟（Aries de Mause）或者巴丹泰（Aries de Badinter）。随着研究的进行，整个社会开始意识到，在 17 世纪以前的人们的观念中，并不存在现在意义上的'童年'这个概念。也就是从那个时候起，家长才开始在对待自己年幼的孩子时，更加注重感情的投入，他们被重视和疼爱不再是因为他们未来继承人的身份，也不是因为他们具有传宗接代的能力。即使是在经济状况不太好的家庭中，孩子也不会再被当做是一种负担。"[①]

孩子究竟应该得到什么？这个问题是一本现今发行甚广的儿童教育类书刊的名字。我们可以想象一下，在巴洛克时代，如果一个母亲听到这样的一个问题，她会作出怎样的反应？根据当时的社会状况，她的反应很可能是很迷茫，因为她不懂你为什么会这么问，然后这个问题也随即被她抛之脑后，她根本不会费任何力去认真思考。这种推测可以通过下面的这个例子得到证明：沃尔夫冈·阿玛德（Wolfgang Amade）和康斯坦茨·莫扎特（Konstanz Mozart）的第一个孩子名叫赖蒙特·莱奥波德（Raimund Leopold）。在他仅有六个月大的时候，上面提到的这对夫妇即孩子的亲生父母将他全权托付给乳

---

① 有关这一话题，可以参阅史学家芭芭拉·图赫曼的语录："中世纪时期人们的生活状态与今天的人们有着很多的差别，但是这其中最大的差别莫过于母亲对于自己孩子的态度，中世纪的母亲对于孩子的漠不关心与现代母亲对于孩子的态度之间简直有着天壤之别。在中世纪的时候，由于孩子的死亡率很高（幼童一个接一个地死去），所以父母通常不会对一个孩子投入太多的爱，因为他们认为如果自己对孩子投入很多爱，孩子突然在某一天死掉了，他们投入的爱将得不到任何回报。还有一点原因就是当时女性怀孕的几率很高，这也导致了父母对自己的孩子漠不关心，反正一个孩子死掉了，母亲还可以再怀孕，再生一个小宝宝顶替……通常，父母不会对一个低于 5 岁或 6 岁的孩子投入太多的关爱和照料，在一个孩子来到这个世界后起初的 5 到 6 年的时间中父母通常是任由孩子自生自灭的；孩子面临的路也只有两条，死亡或者努力存活下来。"

母照料，夫妇俩于 1873 年 7 月的时候动身前往萨尔茨堡，做为期并不短暂的旅行。四个月后，也就是 11 月底，他们才从萨尔茨堡尽兴而归。直到那时他们才知道"那个胖乎乎的、圆滚滚的、可爱的小家伙"已经于 8 月 19 日死去了，他那年轻且充满希望的生命过早地与这个世界说了再见，离开的时候甚至没有父母陪伴在身边。①如果康斯坦茨·莫扎特读了本段开头提到的那本书，她会意识到自己的行为是多么的失职，作为一个母亲，她完全没有尽到细心照料自己孩子的责任。

　　孩子究竟应该得到什么？这个问题在今天早已经成为了最热门话题之一。以前在处理孩子与父母之间的关系时，父母总是居于强势的位置，他们可以不受丝毫限制地行使自己的"绝对权力"，现在这种情况依然存在，但是当我们做出这样的行为时，我们应该谨记，孩子对某些来自父母的行为是会反弹的，孩子与父母之间本来就不会存在"生来就有的和谐"。我们应该明白，孩子与父母本来就不可能完全和平地相处，事实上任何两个个体在相处的过程中都会存在冲突。如果有人已经决定要做一个合格的父亲或母亲，那么他（她）从现在开始就必须要转变自己的观念了，当自己的利益与孩子不同时，孩子的利益比自己的重要。如果您排斥这种说法并拒绝这样的行为，那么儿童教育专家建议您还是不要生育孩子比较好。位于奥得河畔的法兰克福（德国有两个法兰克福）市里曾经发生过一件让人十分痛心的事情。一位年轻的妈妈为了能够不受干扰地与自己的男友相处，将自己两个尚且年幼的孩子锁在了房间里，并且时间还长达两周之久。最后惨剧发生了，这两个孩子因缺水干渴而死掉。2000 年春季的时候，法庭给予这位母亲的判决是谋杀罪名成

---

　　① 参看福尔克玛·布劳恩贝（V.Braunbehren）的《莫扎特在维也纳》，慕尼黑，1986，第 112 页。

立，被判处终身监禁。

当然，上面列举的这个例子过于极端了，在一个普通的正常的家庭中，这种情况出现的几率是很小的。但是这个例子却告诉我们，当父母毫无顾忌地只考虑自己的时候，孩子与父母之间的关系可以恶化到什么地步。即使有时孩子似乎同意了父母这样的对待，情况还是不会有什么好转。如何在已经"失控的"孩子与父母之间的关系中找到新的平衡点，这也是本书将要探讨的一个主题。①

关于独立自主的讨论（孩子们究竟应该得到什么也被列入议题之中）一直没有停止过，这是一个很好的现象。近五十年来，关于这一问题的讨论有了跨越性的发展。在这些深具教育和变革性意义的成果中，人们抛弃了许多成见和不好的习俗，尤其是一些以今天的眼光看来过于残忍和暴力的习俗。已经逝去的时代，例如莫扎特生活的时代，显然"不够好"，与我们生活的时代相比，更是不可同日而语。我们应该庆幸我们生活在这样的一个时代，因为现在的我们可以通过对他人案例的仔细观察得出自己想要的结论，通过对无数人不同经历的比较和分析，我们总能找到正确的方法，至少可以吸取一些教训，从而减少自己犯错的机会。

存在于辈分之间的冲突似乎自古以来就一直存在，而今天这个问题只不过换了一种新的方式再次出现在了我们的生活中，并严重影响了我们的生活——这次的问题不仅仅是一堆让人堪忧的数据和分析。衡量当代家庭问题的重心也不再和以前一样，仅取决于有多少孩子没有父亲或母亲。过去的

---

① 我将早期的关于这一话题的研究成果加以整理和收集，于1996年，和我的妻子一起将这些内容编成了一本书——《父母对孩子的恐惧》。我很高兴，现在再次拾起了这个话题，对这一话题进行更深入的思考，并与其他有关父母和孩子之间关系的问题联系起来。

三百年中，很多事情发生了剧烈的变化：在一个富庶的现代化工业大国里，就以联邦德国为例吧，几世同堂的大家庭已经越来越罕见了，如果真有这样的大家庭存在的话，那它可真称得上是"奇葩"了。孩子的出生率与出生数量也都在不停地减少，独生子女变得越来越多，单亲家庭、独居单身的人越来越多，人们的生活节奏越来越快，[①]如同这两样事物的趋势一样，有关子女教育援助的专业书籍和各种参考书也如雨后春笋一样，茂密而又快速地都冒了出来，与此同时，教育咨询中心和其他类似的机构的数量也以井喷之势增长。而这一切现象都是与父母们越来越严重的不安全感相适应的，越来越多的父母需要各种教育孩子的信息、指导和专业建议。但这种局面也存在一些隐患，比如，当人们的行为方式都被一种思想左右时，新的问题也随之而来了。

在这种信息过剩、到处充满了自我辩解的大环境下，有些人开始发表新的言论，试图树立新的典范，并且这种言论开始逐渐被大多数人接受。针对以往的观点（孩子们一定可以自我约束），新的观点从某种程度上可以说是将人们以前所认识的"沙漏翻转了过来"，一种完全与之对立的全新的观点浮出了水面（这种观点主张"父母们拥有主导权"）。在如今各种教育书籍泛滥的情况下，"站在孩子的角度思考问题"这种观点显然是势单力薄的（至少作为作者本人的我以及我所坚持的观点所面对的情况是这样的）。以前，孩子们几乎没有丝毫权利可言，他们的兴趣爱好只能和父母保持一致，或在父母的鞭策下，他们特意去培养一种兴趣特长，因为唯有如此，父母才会考虑他们的兴趣所在并加以满足。今天的情况已经完全不同了：孩子

---

① 参看提尔·巴斯蒂安的《致命的匆忙，由速度和加速度引起的新的信仰》，上乌塞尔市（Oberursel），1993。

们——尤其是小孩子——早已经学会了表达自己的愿望，并且当他们提出需求的时候，还总是能找到一些冠冕堂皇的理由；父母们则将满足孩子的愿望当做自己的义务，对他们有求必应，甚至都不考虑他们的要求是否合理。

过去，父母以极其淡漠的态度对待自己的孩子，把他们当成无关紧要且毫无任何权利的"寄生虫"。如今，人们号召以"正确的"主张和原则对待自己的孩子，孩子们理应得到"与孩童相适应"的教育和培养，他们应该被尊重，而这种思想的中心是对父母与孩子关系没有成见地、不受拘束地探讨：孩子想要的和父母想给的总是不能完全同步，他们之间总是充满了冲突。未来的某一天，这两个人群或许会和谐相处，但前提是父母必须首先作出努力——在这一天到来之前，冲突还是很常见。

如何对待孩子与父母之间充满冲突的关系，是应该正视它，还是否定？随着时间的发展，人们看待这个问题的方式发生了很大的变化。在过去的三十年中——和任何一个时代一样，三十年的时间足够一个婴儿成为一位父亲或母亲——关于这个问题的讨论取得了显著的成果。仔细思考我们的教育步骤是否已经"偏离"了我们的初衷（与戴安娜·艾伦赛夫特的谈话主题），是一件十分有必要的事情。如果答案是肯定的，那又是为什么呢？

哪些方法有助于父母与孩子之间关系的修复，可以使他们之间得到平衡和调节？本书所有的章节都是围绕着这一个问题展开。作者提出这样一个论点的目的在于激起所有父母的勇气：重新拿起你们的勇气，仔细地彻底地（不要带着负面的先入为主的成见）去思考这个满是问题的复杂关系网——孩子们应该拥有什么样的权利，他们又应该承担什么样的义务？我们对他们的期待究竟是否合理，我们应该给予他们什么样的多大的独处空间？……同时自我反省，我们的目的究竟是什么，如同反省我们自身大大小小的缺点一样。

　　因为孩子的一些举动而生气，有时会害怕他们的一些举动，甚至为此会咒骂他们，这一切行为其实都是常见的，也是情有可原的。反过来说，当孩子们偶尔也有这样的行为时，我们也应该选择接受。父母必须认识到一件事情：父母在日常生活中的行为会潜移默化地影响到自己的孩子。孩子会向自己的父母学习，与他人交往时什么事能做，什么事最好不要做。父母应该正视自己的行为和感觉，不要因为羞耻而不敢面对自己。敢于承认自己不是完美的，不是什么丢人的事情。父母也只是平凡的"普通人"——会受伤、会生病、耐心有限、拥有自己正常的与孩子不同的兴趣和爱好。只有这样的父母，他们才有可能学会如何适当地解决自己与孩子之间的冲突，而不是利用诡计"从背后阴险地"击败孩子。最后，他们对父母与孩子关系之间的冲突会有一个正确的认识，不会再盲目地追随一些原本就不可能存在的（还具有破坏性的）"完美理想"，①不会再盼望那些脱离实际的所谓的和谐。这样一来，他们也就会知道该如何更好更公平地对待自己和孩子。

　　在日常生活中，真诚是人们共处并能进一步交往的基石。这个道理也适用于不同辈分的人之间：在一些家庭中，父母不会对孩子使用暴力手段，但是他们却会用其他的更恐怖的非暴力手段来苛求自己的孩子，比起这样的父母来，了解孩子与自己的能力和底线，不会对彼此做出过分要求的父母是孩子最好的保护。这样的父母不会总是盲目地追逐一些不可能实现的典范，例如总是想要更好的——在他们的眼中，只要是认真对待了，努力实现了"及格"（著名物理学家唐纳德·W. 温尼科特曾经这样说），那么已经拥有的一

━━━━━━━━━━

　　① 关于完美理想的负面作用这一话题，可以参看 W. 施密特鲍尔的《拥有全部或者一无所有——关于理想的毁灭性的探讨》，兰贝克，1980。

切就是最好的了。要达到这种境界，有一个概念必须被确定，那就是分清楚父母的责任是什么，但同时也不能完全忽略他们的利益所在。

为了将这个概念的轮廓勾画出来，并不需要父母亲自去探索每一个过程，并建立一个坐标轴，一条坐标轴标为"教育"，另一条标为"社会化"（或者"对所处文化的适应"）。事情究竟会怎样，不会取决于一场有关词语和概念的无意义之争，而在于人们对事情本身发展过程的理解。为此，人们首先还要考虑到生理前提，然后是历史成型过程，并为此进行一场争辩。关于这个问题的具体讨论将在本书随后的两个章节中出现。就像著名的原子物理科学家、诺贝尔奖获得者尼尔斯·波尔（Niels Bohr）曾经说过的那样，没有什么东西能够比一个真理更加的实用。总是有人对父母提出过分的要求，孩子或许也正承受着这样的痛苦，并且孩子与父母之间总是存在着这样那样的问题。如果你想要更好地了解现今存在的这些问题并想要找到问题解决之道，那么你必须首先要知道，这些问题是如何产生的，在什么样的大文化背景下，这些问题有了植根的温床。唯有对上述这些问题有了概括性的深入了解，你才能够长期坚持下去并找到自己独特的解决方法。唯有本身具有独立自主性格的父母，他们才能引导并帮助自己的孩子培养出独立自主的性格。

这是我书中的一些自己的独特见解——所以我的书可能不能够完全地"迎合大众的口味"，反而会被视为是"有悖于传统的"。

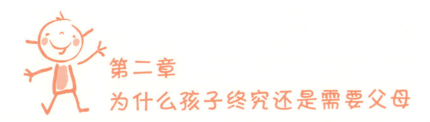

第二章
为什么孩子终究还是需要父母

　　为什么我们不能换一个爸爸（那个爸爸可以允许他们长时间地看电视），我的两个儿子总是喜欢问我这个问题，即使我已经被这个哭笑不得的问题折磨了千百遍。有时他们还会问，我们可以将爸爸和妈妈都换掉吗？为什么人总是得拥有父母？有没有任何的例外？即使有更好的方法，人们还是不能避免所有的争吵吗？"父母的存在是孩子生活中的最大悲剧。"昨天晚上吃饭的前一刻，多米尼克这样对我说道。在他说这样的话之前，我们有一些不愉快。由于他没有带头盔就骑着自己的自行车飞奔出去，为此我们爆发了一场十分激烈的争吵。"即使是亲爱的上帝，他偶尔也会犯些小错吧？"

　　有很多父母在这样的情况下，都会武断地直接将这些看似孩子气的问题归类为无意义或不适当的，没有人想过要给提出问题的孩子一个有意义的答案。为什么我们会有父母，为什么爸爸和妈妈不一样，爸爸制造精子（人们凭借这种能力将其定义为"男性"），妈妈制造卵子（人们凭借这种能力将其定义为"女性"）？为什么爸爸的精子与妈妈的卵子结合形成受精卵，然后受精卵在妈妈的身体里发育成长，直至宝宝被生下来？为什么哺乳这一行为

只能由妈妈来做，而不是爸爸和妈妈轮流进行？

这些问题看似和本书的主题——"坏"父母——几乎没有任何联系，然而事实并不是如此。日常生活中，在与孩子交流时，他们总会有一些奇奇怪怪甚至刁钻的问题。当我们认为一个事物本来就该是如此的时候，他们总是还有数不清的为什么，为此我们需要找出充足的理由来证明自己的理论，这件事情其实很重要，并不像有些家长以为的那么无聊。当孩子问道，为什么人都要有父母的时候，很多家长都会选择沉默，因为他们认为这是天经地义的。打破这种沉默——像多米尼克一样——挑衅地问道："为什么本来就是这样？"可以帮助孩子更好地了解事情的缘由。对孩子的自身发展而言，这并不是一件坏事情。

但是父母需要明白一件事情，孩子的成长时期一直在变化，这里提及的一些问题也会在相应的不同的时期出现，针对不同成长时期的孩子提出的问题，父母也应该尽量给出符合当时情况的不同答案，这一点十分重要。生物圈自身的本性决定了事物不可能总是一成不变的——通常情况是这样的，物竞天择，适者生存，一个物种如果不会主动适应不断变化的环境，那么该物种只有被淘汰的分。孩子也是如此，他们总是在成长，所以父母的教育也应该跟随其步伐。

人类是一种极其复杂的动物，人类的出现更是大自然经过漫长时间进化的结果。我们可以将世间万物的进化发展趋势看做是一条通向前方的主干道，进化过程中各种生物需要面临的选择则是与主干道相连的岔道口。关于人类的形成与发展这个话题，下面的文字或许可以对这种复杂的情况加以概括：

第一个需要考虑的问题是双性繁殖：由宇宙中最初的唯一的"先祖"（单性繁殖）繁衍出新的生命物种是有可能的，现在这种可能性已经被实践证实。

单细胞动物通过细胞分裂来延续自身的繁衍，而有些植物在生长过程中会生出新的萌芽，在适当的时机，这些萌芽脱离母株并成为一个独立的新的生命体，昆虫的幼虫则由昆虫未受精的卵子（单性繁殖或孤雌繁殖）形成。比起单性繁殖，双性繁殖具有很大的优点，因为双性繁殖出的后代会遗传到分别来自父方和母方两方的基因，这种基因的混合会带来物种的变异：基因的多样性可以为大自然提供更大的"选择"空间，在这种选择机制下，作为"奖励"，适应性更好的生命体将会得到更多的繁衍机会。

性别（两性融合）间的差异：在人类社会中，父亲与母亲有很大的差别，但造成这些差别的原因并不仅仅是因为性别的关系，在动物界亦如此。有些生物既可以制造产生精子，又可以产生卵子。在植物界，这种情况尤其常见。在动物界，与之类似的是雌雄同体的动物，不过这些动物通常都是一些低等生物。卵子与精子在生理特性上有着很大的差别，动物的等级越高，这种差别就越大。卵子与精子结合后形成合子，合子通常在子宫内，也就是母体内着床。生物新的发展阶段就在这种情况下出现了。

体内受精阶段：这是生物发展到一定阶段后的产物，这个阶段非常复杂且意义显著。——仔细想一下，有一件事会在我们的脑海中变得十分清晰，我们可以毫不拘束地提到"捐赠物"（男性的精子）以及"受胎方"（女性的身体）。"赠与"与"接收"带来的不同构成了高级生物的生理基础。由于胎儿是在母体内发育成长，所以这就决定了分娩这一过程必须也要由母体来进行。当然，凡事总有例外：这个世界中存在这样一些鸟类，在它们的生活群体中，孵化的责任由雄性来承担。在它们孵卵过程中，雌鸟负责守卫栖息地的安全。但是当幼鸟出生以后，雌鸟守卫家园的责任就随即终止，因为它们接下来要扮演"慈母"的角色了。人类的生理特征制约着人类文化的发展，但是，现在人们正试图将这种情况逆转过来，人类试图利用自身的文化来改变自己的生理进化过程。在完成这样的"壮举"之前，人们还需要首先考虑到人体自身的生理特性，如同人们总是喜欢对任何将要进行的举动进行可行性预测一样。从生物学的角度讲，我们的生理"嫁妆"并不是遗传物质，但这种嫁妆却也是真实存在的，并不是一种缥缈的幻象：对于哺乳动物而言，雄性动物总是想尽可能多地生育自己的孩子。每一次射精的过程中，数以亿计的精子被制造出来，如果条件允许，这些精子可以让数以亿计的具有生育能力的女性受精——但与男性相比，女性排出卵子的数量就少得太多了，女性能够怀孕的机会就更加少得可怜；另一方面，哺乳动物的这种先天生理条件（怀孕、生产、哺乳）也决定了孩子与父母之间将会有千丝万缕的斩不断的联系。男性和女性在选择"未来投资"形式时，有着显著的差异："与男性的投资策略相比，女性的投资策略显得更为大胆、长远。当然，造成这一区别的还有天生的生理原因，女性在生理条件上占了绝对的优势。"①

总的来说，双性繁殖造就了灵长目动物和人类区别于其他生物的特征，双性繁殖的特点也使这种繁殖方式成为最高级的繁殖方式。如果双性繁殖方式从来没有出现过，我们生活的这个星球上没有性别之分，那么世界将会完全变成另外一个样子。双性繁殖虽然具有自己独特的优点，但是这种繁殖方式也很容易受到外界影响。说到外界影响，人们最先想到的通常是存在于人类社会的特殊物质，如人类的自我意识以及这种意识聚焦后形成的文化。人类文化本身具有一种在不断增加的固有动力，而这种动力可以帮助人类逐步摆脱生理因素对人类社会发展的限制。人类的感官、生理反射、欲望和本能

---

① H. 泽伊尔（H.Zeier）：《大脑和思想的进化》，收录在由乔治·唐吉莱姆·艾克乐和 H. 泽伊尔共同完成的演讲著作《大脑和思想——与人类原始社会早期、人类本性、人类未来有关的生物学知识》，慕尼黑和苏黎世，1980，第57页。

顺应趋势，一直遵循着事物发展的基本规律在改变。人类生物本能一直受到人类社会文化的影响，而这种影响会改变我们作为父母时的举动，以及我们对待后代的方式和方法。

这一节内容已基本结束。孩子为什么终究还是需要父母？在我回答这一问题之前，我还要提到两个讨论主题区，这两个讨论区将从人类的生物基础对文化的影响展开，逐步与本书主题扣合。这两个主题也是相互依附而存在的，它们分别是与儿童有关的生物学知识和与教育有关的社会学知识。

与儿童有关的生物学知识

一只雄性乌鸫幼鸟和一只雌性鹅的雏鸟之间的差别再也不能更大了——雄性乌鸫幼鸟刚出生时还没有长羽毛，眼睛几乎看不见任何东西，没有方向感，没有行走能力；但是鹅自出生之日起就披着由自己的羽毛织成的"裙子"，它们会用自己的眼睛辨别方向，几乎是一落地它们就可以蹒跚着离开孵化自己的窝，出去觅食。著名的哲学家兼自然科学研究者洛伦茨·奥肯（Lorenz Oken，1779—1851）[①]曾经将这两种差异极大的动物类型分别命名为"尚需在窝中喂食的幼鸟"和"即将离窝可以自己觅食的雏鸟"。

人类的婴儿既不属于"尚需在窝中喂食的幼鸟"类型，也不属于"即将离窝可以自己觅食的雏鸟"类型。因为人类的婴儿在出生之日就可以用眼睛

---

① 他也是自然医学领域的一个先锋式人物，德国的博物学家。1821 年的时候，他在自己创办的杂志 Isis 中发表了这样的言论："自然科学的再次活跃为医学的发展照亮了前进之路，在这暗无天日的环境中，由自然科学点燃的这只蜡烛始终照耀着每一个人。"一年以后，他又在莱比锡与他人一起共同举办了"德意志自然科学家和医生会议"。

看东西了，而不是像乌鸫幼鸟一样，刚出生时是"盲人"——与"尚需在窝中喂食的幼鸟"不同，人类婴儿的感官系统从出生时起就可以有效地发挥作用了，在所有感官中，视觉处于核心地位。从这一点来看，人类可以说是天生的"视觉动物"。[①]

有一个事实大家或许都知道，新生儿与"第一关系人"（通常是父母）之间的眼神接触具有非同寻常的意义。[②]现在研究人员已经搜集到了大量的资料，[③]这些资料可以证明，在过去的几十年中，人们一直低估了新生儿的认知能力和行为能力。事实上，人类的婴儿自出生之时起，就已经做好了与自己最重要关系人进行交流，尤其是和自己的妈妈进行交流的准备。"在人耳能够听到的声区范围里，新生儿可以通过声频对声音加以辨别，他们对声音产生的反应也具有'选择性'。对于距离自己瞳孔 20 厘米的物体，新生儿可以看得最清楚，这刚好是妈妈哺乳或用奶瓶给宝宝喂奶时，宝宝的眼睛和妈妈的眼睛之间的距离。"[④]眼睛是人脸的"核心"部分，在人类进化过程中，

---

① 参看提尔·巴斯蒂安的《眼光、羞耻心和感情——被误解的人类学》，哥廷根，1988 年。

② 更确切地说是双方（孩子与母亲）眼神的彼此交流：有的女性因为自身没有生育能力而选择请"代孕妈妈"，但是等代孕妈妈将孩子真正生下来了，与由自己生下来的孩子有了眼神接触以后，再让她们将孩子交到"她"（雇请代孕妈妈的那位女性）的手上，这对她们而言是一个十分难以办到的事情，因为这件事本身就的确有违人之常情。

③ 可以参阅由 M.H.克劳斯（M.H.Klaus）和 J.H.肯奈尔（J.H.Kennel）共同完成的《母亲与孩子之间的关系，早期分离的后果》，慕尼黑，1987；H.凯勒（H.Keller 编者）：《婴幼儿观察手册》，柏林、海德堡、纽约，1989；J.D.利希滕贝格（J.D.Lichtenrberg）：《心理分析和婴幼儿研究》，柏林、海德堡、纽约，1991；D.N.斯特恩（D.N.Stern）：《婴幼儿的生活经验》，斯图加特，1992。

④ J.D.利希滕贝格：《作为心理结构的动机官能系统，一种新理论》，刊登于《心理分析论坛》，1991 年 7 月，第 6 页。

眼部的肌肉系统逐渐具有了表达思想和传送信号的功能——每一种面具，即使是万圣节晚上的专用面具（这种面具紧贴在佩戴者脸上，风格各异，但有一个共同点，那就是尽最大可能让他人无法辨认出佩戴者是谁），覆盖眼睛的部分都会被尽可能的减少。

　　一个光斑在与光斑亮度相同颜色不同的背景上移动时，15 天大的婴儿可以立刻注意到这一点，并且视线可以紧紧地捕捉住光斑——这意味着，15 天大的人类婴儿就已经可以区分颜色并感知物体的运动了。外形相同的物体与我们眼睛之间的距离不同，但是它们在我们视网膜上却会呈现出一样的图像。尽管如此，6 ～ 8 周大的人类婴儿还是能区分出其中的差别，不会将两个外形相同的物体看成是同一个——结合视差（因眼球运动而产生错觉，认为物体的位置发生了变化）、趋同现象（两眼视轴间的内部角度）和横向差异（左眼视网膜上呈像和右眼视网膜上呈像之间的细微差异）[1]等手段（视觉空间深层结构原理：人的左、右眼有间距，造成两眼的视角存在细微的差别，而这样的差别会让两只眼睛分别观察的景物有一点点的位移。人类之所以能够产生有空间感的立体视觉效果，恰恰就是受益于这种在医学上被称之为视差的位移），他们推断出自己看到的不是同一个物体。三个月大的婴儿已经可以将眼睛聚焦于（或"用锐利的视线盯着"）自己视觉范围内的任何一点——像 F.W. 德内克医生描述的一样，这时的孩子可以"想看见什么就看见什么"。[2]

　　人类婴儿的感官系统发展得快速且健全，但是他们运动机能的发展状况却完全相反——整体状况只能用非常缓慢来描述。为此，人类的婴儿被称为

---

　　① 参阅 R.L. 格列高利（R.T.Gregory）的《眼睛与大脑》，美因河畔法兰克福，1972。
　　② F.W. 德内克（F.W.Deneke）：《自我体系》，刊登于《心理》，1989 年第 43 期，第 528 页。

是"次生尚需在窝中喂食的动物"。[①]地球上再也没有任何一种生物需要用如此长的时间来练习"独立自主"（完全按照字面理解这个词，独立自主，用自己的双脚站立起来），学会"用自己的双脚站立行走"。更不用说，在有些特殊的文化群体中，大人们会用绷带将孩子缠住（"包扎"）或者使用其他类似的手段（如使用"蜷缩床"），以此限制孩子的行动能力，[②]这会让婴幼儿花费更多的时间才能学会站立。和学习站立一样，"人类的婴幼儿还需要经历不同的生理发展阶段——开始学习走路、青春期——直至成年。人类完成这些发展过程所需要的时间与黑猩猩幼仔相比足足多了一倍。"[③]

人们将不会走路的小孩子称为"需要被背着或被抱着的人"。在这一段时间里，孩子最先需要认识到的事情是，他们需要紧紧地依赖周围与他们相处的人。因为唯有依靠这些人提供的物质和情感方面的"养料"，他们才能够存活。当孩子有自我行动能力的时候，上述情况就会发生巨大的变化。孩子的视觉和发育成熟的运动机能相互合作，这种合作产生的后果就是小孩子的好奇心被完全地激发起来，他们轻举妄动的机会也会增加很多。在这种情况下，周围人会因他们的行为而感到担心，但同时又带着好奇。周围人与他们之间的眼神交流会对他们的行为产生一定的影响，而这种影响具有重要意义，可以表达周围人想要表达的意思："不要再那样做！"当孩子围绕着有椅

---

① "次生尚需在窝中喂食的动物"这一概念最早由生物学家阿尔弗雷德·波特曼（Alfred Portmann）提出。小孩子在出生以后的一段时间中没有独自生存的能力，需要依赖他人，小孩身上具有的这种特性又被称为"晚熟性"。关于小孩为什么会这样，社会学家理查德·亚历山大（Richard Alexander）提出了一个非常有趣的假说。要想了解假说的具体内容，请参看《向进化生物学宣战》，慕尼黑和苏黎世，1988，第129页。

② 在上个世纪，德国人民也在私底下用这种方法对待自己的孩子，A.邓兹（A.Dundes）提供了与此相关的一些资料《您和我一样！德国人民的心理秘密》，慕尼黑，1987。

③ B.哈森斯泰因（B.Hassenstein）：《孩子的行为生物学》，慕尼黑，1973，第43页。

角的物体来回爬走，或者做一些其他的具有潜在危险的行为时，周围人总是会小心翼翼地守护着他们，用眼神制止他们的行为，以防他们受到伤害。

"宝宝在拐角处爬行：前面是自己的妈妈。如果我转身朝相反的方向爬，她还会留在那里，张开手臂等待我吗？宝宝总是不停地测试自己的妈妈，快爬到妈妈的面前时，他们突然转身，看妈妈是冲自己微笑，还是使用蛮力制止自己接下来的行为。在这个爬行的过程中，宝宝会感觉到自己是一个独立的人了，而不是只能依附于妈妈的'软脚虾'。即使妈妈在厨房里，我也可以安然地在客厅里度过自己一个人的时光。其实，宝宝在这样做的时候，他们的心中一方面充满了勇气和征服欲，另一方面也还带有恐惧。他们也会害怕接下来的冒险行动，并担心自己找不到回去的路了。宝宝从小就经历了人际交往中的基本冲突：一方面希望能够进一步'向外'发展，能够不依赖于他人；另一方面他们又渴望能够回归到大人们的怀抱。自我意识形成和思想交流之间的固有冲突是发展心理学的重要内容，这种冲突会一直伴随着宝宝的成长过程。但是无论如何，宝宝都必须自己踏出人生的第一步。至于如何克服或解决这种冲突，宝宝的做法和尺度则会对他们的一生产生重要的影响：我是如此虚弱，我应该听妈妈的话，否则我会和她走散；或者我可以拒绝她的帮助，自己做出一番'有成就'的业绩来？孩童早期的自我意识形成步骤是一个自然而然的过程，这个过程与孩童的肢体运动机能和运动兴趣无关。"[1]

有些基本冲突是对孩童的成长发育有利的，著名的心理分析学家米莎·希尔格斯（Micha Hilgers）曾经对此进行过专门的描述。在幼童研究学中，有

---

[1] M. 希尔格（M.Hilger）：《汽车或者交通中的参与者》，刊登于《宇宙》之上，1999 年 6 月，第 545 页和 546 页。

一个简明扼要的概念叫做"安全堡垒"（或者"安全基地"），是幼儿对父母尤其是母亲依附模式的一种——依附人物所起的心理作用在于成为幼儿的"安全基地"，借助此基地，幼儿方可能探索世界——其实父母尤其是母亲作为"安全基地"的时间并不只局限于人类的"婴幼儿时期"。小孩子总是在冒险，试图尽可能地远离自己的妈妈，带着好玩的心态去认识这个陌生而又新奇的世界，因为他们知道自己的妈妈就在自己附近，她总会保护自己，并在适当的时候伸出援助之手。在独自去认识周围世界的同时，他们会不时地去确认自己的妈妈是否还在旁边守候着自己——随着年龄的增长，每两次确认之间的时间间隔会变大。一旦发现自己的妈妈不在那里了，自己的期望落空了，他们会停下自己的探索行动，开始号啕大哭。这种行为模式并不只是人类小孩的专利，通过对其他灵长目动物和高级哺乳动物的观察，以幼小的狮子为例，"它们跑到附近的小溪中，用自己的爪子拍打水面使水面发出声响，追逐着水波前进嬉戏；它们互相追逐，和其他的同伴打着玩；发现了新鲜有趣的事物后，它们可以连续玩上几个小时。这一切都是小狮子们生活的真实情况，但出现这一现象的前提条件是，小狮子们的妈妈必须是在场的，母狮在一旁守护着它们，它们的安全有保障。"[1]

与其他的动物相比，人类的小孩在幼年时期都要依附于他人才能生存，并且依附于他人的时期还极其漫长，完全发育成熟则需要更多的时间。在这段漫长的时间里，小孩需要学习的东西也与其他的动物幼仔不同——这段时间的学习状况会对他们的一生都产生重要影响——比如，人类小孩需要学习抽象思考和使用语言。除此之外，他们还要了解这个复杂社会的文化传统和

[1] B.哈森斯泰因：《幼兽和人类婴幼儿行为比较研究概要》，斯图加特，1970，第15页。

行事规范，唯有如此，他们才有可能完全适应现实社会的复杂性和多样化。但是有一个事实大家都再明白不过了，那就是这个学习过程极易受到外界干扰。另外，由于小孩子的学习过程复杂且漫长，所以尚处于学习阶段的孩童需要有人为他们提供安全保障，并对他们进行妥善的照料。

大约在200多年以前，有一位名叫约翰·戈特弗利德·赫尔德（John Gottfried Herder）的德国哲学家将人类称做是"造物主手下的自由子民"。这位哲学家想要表达的意思，并不是人类通过生命的进化过程完完全全地改变了自己的自然属性，而是人类借助自己的特殊能力和由自己带来的文化发展，不断使人类的自由度达到新的水平。换一种形象的说法："大自然这位母亲"教会了我们认识事物的发展规律，这些客观规律一直影响着所有事物的发展。但是自几千年前，有些事物的发展就已经逐渐开始与大自然不同步了，他们的发展过程早已经慢慢被改变，人们取得了新的发展成果，同时也为这个世界添加了新的行事准则。现在，维持这个世界运行的程序并不是一个完全区别于以往的、崭新的程序，但是我们可以毫不怀疑地说，现在的这个程序绝对比以往的任何一个都更加复杂。（例如，现在的这个程序可以发展到更高的水平，但是也可能更快地就被放弃。）

这个规则也适用于人类与其后代之间的关系。人类与其后代之间的关系基于人类的生理前提，但是这种生理前提却不能保证人类与其后代之间的关系绝对牢靠。人类生命的进化过程决定了我们在适当的时候需要且必须要扮演起父母的角色。但是在整个社会不断发展的过程中，人类的心理和行为也发生了变化，最初作为父母的人类必须要有高度的责任感，而现在这种具有高度责任感的性格正逐渐从人类身上减少甚至消失。"不同于动物世界中的父母，人类世界中的成人包括亲生母亲，他们都逐渐变得不再愿意受制于大自然,不再愿意使用天然的、与孩童行为相适应的规则来对待自己的孩子。(具有高度的责任感,以孩子为主,全心全意地为孩子付出。)从人类独立自主和自由选择权的角度来讲,孩子与父母之间的关系从孩子出生的那一刻起就已经变得与原来不一样了。这种改变对孩子有很大的影响,影响既有有利的一面,也有不利的一面。"[①]

改变影响到的当然不只是孩子,父母也在受影响范围之内。在是否成为父母这个问题上,有人放弃了自己的自由选择权利,甚至连选择的机会都完全放弃,以此来表明自己不是"基因的自私性"的拥护者。并且,现在这种情况似乎越来越常见,[②]但这一切其实通常都是假象。人类的进化使得我们拥有了其他动物不具备的能力,我们有自我意识,对于可以预见的事情,我们能够早为其做安排[③](西格蒙德·弗洛伊德曾经在《预演能力》中,康拉德·洛伦茨在《忙碌于想象空间之中》对此都有提及)——但是我们具有的这种秉性却是天生具有矛盾性的,因为这种秉性一方面将大量的对未来的恐慌施加

①　同 P24 注③,第 69 页。

②　"基因的自私性"这一说法起源于一本名叫《自私的基因》的书(牛津,1976),该书作者是英国生物学家理查德·道金斯(Richard Dawkins),德语版的《自私的基因》于 1978 年同时在柏林和海德堡出版。在道金斯眼中,人只不过是一个"传递机器",保障了遗传物质顺利传递的工具。但是又有另外一个事是无可辩驳的,那就是人这种机器享有一定的自由度,可以反抗不可阻挡的基因物质的传递趋势;认为选择不孕育子女、终生不娶妻、绝食以及其他各种类似的社会现象都充分地证明了这一点——更不用说未来有可能由人类引发的、会导致整个人类灭亡的核战争。但是"机械理论"并不是无懈可击的,因为借助这套理论,人们解释不清楚基因物质传递趋势中的某些具体现象。

③　前面的这句话表明:即使是像我们这样谨慎的、对朴素社会学持怀疑态度的作家们也会偏爱使用直观简单的表达方式。一个人就像是造物主制定好了的,或者像裁缝手中的"成品"一样,从生物学角度上来讲,已经不可能再发生什么质的进化了;但是每个人的具体性格则还有很大的发展空间,不同于先前设计好的"编织图样"。

在我们身上（对未来的恐惧发展到一定程度以后甚至可以演变成对自身死亡的恐惧），而这种恐惧会对我们的一生都产生严重的不利影响。另一方面，从生物学角度来讲，只有人类才会将自己看到的事物进行加工并反映在大脑中，形成意识。这种人类专有的意识在作用于"文化进化"的同时，也会为我们带来新的束缚。这些束缚中的某些部分与本书的主题——不同辈分人群之间的关系——有一定的联系。

人类对自身所处社会的文化会产生一定的影响，而造成这种影响的最基本原因则是存在人类和时间以及人类和自身生活之间的特殊交流。"缺乏前瞻性，处理事情时没有合理的计划，所以猿人不能作为最聪明动物的代表。这是猿人给我们留下的最深刻印象，也是一再被动物专家们多次提及的猿人的缺点。"生物学家诺贝特·比绍夫（Nobert Bischof）曾经这样说道，[1]"当眼前的食物充足时，没有任何动物会想起，它们应该再另外储备一些食物，它们也不知道该如何储备食物，以备自己将来不受饥饿的折磨。虽然有些啮齿

---

① 诺贝特·比绍夫：《俄狄浦斯之谜，导致亲近和独立之间存在必然冲突的生物学原因》，慕尼黑和苏黎世，1985，第540页。在哈森斯泰因《孩子的行为生物学》，慕尼黑，1973，第243页中，我们发现了一个让人记忆深刻的例子："一只狮子捕获了一头非洲羚羊，在饱食一餐后，它独步行走两公里回到自己的孩子那里，它的孩子只有两周大。在此期间，一只猎豹开始吃狮子的捕获物（那头非洲羚羊）。狮子叼着自己的一个孩子再次回到捕获物的尸体旁，猎豹随即蹿到一棵靠近羚羊尸体的树上。狮子将自己的孩子放到羚羊尸体旁边，准备离开这里再去将另外一个孩子也带过来。但是狮子害怕猎豹会伤害自己的孩子，所以它离开几步远的距离，再犹疑地转回来，在这期间它一直密切注视着猎豹的一举一动，然后再朝离开的方向走几步，接着又再一次回来，如此循环往复。这个过程可能长达半小时！狮子最终确定猎豹对于自己的孩子没有不良企图以后，它摆着步子放心地离开了。但是它刚走出不到100米的距离，猎豹就从树上滑了下来，并抓住了小狮子。小狮子开始大声地号叫，母狮听到小狮子的叫声以后迅速飞奔回来，但还是晚了，猎豹将小狮子带到树上，然后将小狮子从树上摔下来，小狮子就这样死掉了。"

类动物和鸟类会有储存食物的行为，但它们却是在没有意识的情况下进行这些行为的，它们之所以会这样做是因为它们受到了自己直觉和天性的支配。与之相比，人类的情况就完全不同了，以下的这些行为总是会在人类的生活圈中出现：尽管离剧院演出或球赛开幕还有很长一段时间，我们早已经开始为入场券谋划了；为了让自己在即将到来的冬天有足够暖和的衣物，我们在依然十分炎热的夏末就开始张罗冬季的衣服了；外出旅行时，为了让自己能够更好地适应旅行目的地的环境，能够消化当地的食物，出门之前我们会先准备好一堆药物；即使没有要下雨的迹象，我们也会在外出的时候带一把伞，做到'未雨绸缪'；我们可以利用科学的方法计划自己的生育状况，必要时可以阻止自己生育……人们熟悉自身的生存条件并对不利于自己生存的地方加以改进，采取合适的措施使自己生活得更好，并不是高度文明以后的社会里的特有现象。即使在文明程度发展不高的时候，人们就已经开始有意识地做出上述的部分行为了。而这些行为在动物世界中从来没有也永远不会发生，针对这种情况，有人提出了新的构造原理说。"

　　但是日常生活中的实例向我们证明，人类生命进化带来的变化并不一定都是正面的——新的构造原理、时间在人类意识上的呈现都有其阴暗面。我们需要为自己人类的身份付出代价，比如，我们很早就知道自己的存在具有暂时性，我们在将来的某一天必定会死亡，我们对未来怀有恐惧之心，有异于其他所有动物的行为倾向，由于对未来的恐惧，有些人在自然死亡来临之前选择自杀。因为人类有时间意识，所以折磨人类的不仅有对未来的恐惧，还有过去曾经发生过的事情。由于"对于人类而言，时间的茎轴是真实存在的事物。在时间的茎轴上，不仅有一个分支指向未来，还有另外一个分支延伸到过去……因此，人们不得不一方面为自己的未来担忧，另一方面又要忍受不能忘掉的过去的折磨"。[1]

"一方面对不可知的未来感到忧心忡忡，另一方面又要承受让人不堪负荷的过去的阴影——这样一来，有一件事情就变得很明朗了，伴随着人类越来越复杂多样化的前途，人们需要面临的潜在危险也加倍了，并且现在这种潜在危险还开始危及不同辈分人群之间的关系。同时，由这种危机带来的还有好斗以及人们的侵略性，而这种好斗和侵略性恰恰就植根于人们一直引以为豪的、只有人类才具有的'代表理性的'意识。这种能力——就像伊萨克·阿西莫夫（Isaac Asimov，此人的'兼职工作'是写科幻小说，并以科幻小说作家的身份而闻名于世；在'主要职业'这一方面，他只被认为是一个爱吹牛的生物化学教授）曾经写到的一样——我们了解到，有些东西对我们而言十分重要，就像为了存活下来而去进行的拼搏一样重要。我们需要的不仅仅是食物，不再是每天必需的面包，不是存活下来；更确切地说，我们需要的是找到一种方法，借用这种方法，我们可以拥有比别人更美好的未来。在其他动物的世界中，因战利品而引起的争端会持续很久。只有一方完全胜利并将作为战利品的食物吞下去以后，这种争端才会结束。由于智慧的人类拥有先见之明，所以他们可以想象到，长时间缺少食物必将导致的结果一定是饿死。他们甚至可以随时推算出自己在缺少食物的情况下，究竟什么时候会死掉——即使这种情况并没有真的发生。针对这种情况，人类采取了有效且持续时间很久的措施，他们会共同商议如何分配暂时充足的食物。通常，唯有参与分配的某一方受到重伤或者死掉以后，这种分配方案才会被终止。当参与分配的双方都不能再获得食物，或者作为失败的一方遭受重创、胜利的一方长期独吞食物的时候，分配共同财产的方案也会随之发生变动。人类总是

---

① 同 P29 注释①，第 557 页。

足够的聪明，他们会永远记住自己曾经的失败，并从中吸取教训……除了人类以外，真的没有其他的动物会愿意因复仇而丢掉自己的性命（或者为了抵御别人的报复而丧命，因为死去的人不能再为我们复述事情的经过，也不能将事情发生过程再排练一遍）。[1]但这并不意味着人类就要比其他的动物邪恶。与其说人类邪恶，不如说人类比任何其他物种都聪明，为了使自己在将来的某一天有足够的能力去复仇，他们可以长时间地、足够清楚地记住曾经发生过的事情。对于其他的动物而言，基本上只有三件事会引发它们彼此之间的冲突，这三件事分别是食物、繁殖和后代。但是对于拥有预见推测和记忆能力的人类而言，几乎所有的事物都有争论值，他们会根据实际情况去考虑，有没有必要为了这件事情去引发与他人之间的争论或冲突。"[2]

没有其他的任何动物能够像人一样，有能力发展出与人类社会相似的文化，并坚持将这种文化一直传承发展下去；没有其他的任何动物能够像人一样，会使用这么长的时间，来培养后代的文化能力，使他们能够熟悉并适应自己所处社会的文化。人类与其他动物的这种区别也意味着：成为大人会使孩童走进一个崭新的、充满各种机遇的宽阔世界。但是与其他动物相比，人类孩童在走向成年的道路上需要负担的也更多。在人类群体之间，有一种很具有典型性的现象，那就是在孩童培养自己独立自主能力的过程中，老一辈

---

[1] 生物学家诺贝特·比绍夫也赞同这种观点："防人之心不可无。在动物世界中，不管彼此之间带有敌意的相处是否真的会成为一种动机，即他人因为彼此间的敌意而对自己做出'报复性的行为'，每一个人都应该对他人怀有控制在合理范围内的戒心……还有一些人奉行'以牙还牙，以眼还眼'的行事原则，但是如果一个人还有足够的良知和仁慈之心的话，这种报复性原则应该是会被摒弃的，而放弃报复行动的做法也仅仅会出现在人类社会中，在动物界的身上，我们找不到与之相同或类似的案例。"*Ebenda*，第559页。

[2] I. 阿西莫夫（I.Asimos）：《外太空文明》，科隆，1981，第238页。

和年轻一代之间总是充满了冲突，年轻的一代将老一辈称为"老独裁者"，而这种现象在其他动物的世界中并不常见——保证"老一辈"的优先地位，是人类社会文化中的特有现象，这种现象的存在因人类文化中的宗教、传统和习俗而得到保障，与生物进化本身并没有什么关系。[①]从生物进化的角度来讲，当一个个体完成了传承自己基因物质、扩大自己族群的任务以后，与之前相比，这个个体的存在就变得比较无足轻重了——存在价值更低的是完成了繁殖任务且变得衰老的个体。在很多动物群体中，这一理论得到了充分的认可，并被彻底地加以实行。在昆虫界和除了人类以外的哺乳动物世界中，衰老的成员即使没有被族群抛弃，能够滞留在族群里，它们也需要面临巨大的危险。以蚂蚁和蜜蜂为例吧，最辛苦且危险的外勤任务都是由最年老的工蚁和蜜蜂去完成的；年老的澳大利亚打手树蚁（蚁亚科）甚至不能住在巢穴里，它们住在洞穴外面前哨的位置；在野生几内亚狒狒（狒狒属）群体中，雌性狒狒在绝经以后需要担负的任务是保卫群体的安全，抵御其他流浪群体对自己族群的攻击，需要开拓或抢占新的领地时，这些年老的雌性狒狒还需要充当开路先锋。另外的一种情况是，年老的成员被视为游离于群体之外的、脾气古怪的老家伙，群体里的其他年轻成员会认为它们是不合群的存在，直至死亡将它们带走——这种情况常常出现在雄象身上。上面的这些观察结果都是由生物学家汉斯·库摩尔（Hans Kummer）总结的，对比这些结果以后，他曾经诧异地说道，我们人类让他感到吃惊，因为"与那些动物的做法相比，我们人类采取了完全相反的手段"。[②]库摩尔还特意提到了一些人类特有的现象："出于对伦理道德的考量……上面提到的出现在动物界中的现象不可能出现

---

① 在人类文化中也有一些与之类似的现象——比如终身不娶妻。

② 汉斯·库摩尔：《从进化学的角度分析动物界和人类社会中的群居现象》，收录于由 H. 迈耶（H.Meier）编纂的《向进化生物学宣战》中，慕尼黑，1988，第177至179页。

于人类社会中。"

前面已经提到过，人是一种极其复杂的动物，但是我们可以用下面的这段话对人进行简要的概括。整个情况是这样的：来到这个世界的时候，每个人都带着一些"嫁妆"，而基因遗传物质则是这些"嫁妆"中的必备物件。这些"嫁妆"会制约我们各种能力的无限发展，尽管如此，它却不能决定我们什么该做，什么不该做。最明显的例子就是，基因决定了男人与女人的差别，但是承认他们不同地位的却是这个社会——上千年来，情况就已经是这样的了。相似的情况还有，在教育过程中，对孩子具有决定意义的教育理想；关于一个个体是否选择生育子女问题的讨论。哈佛学者史蒂芬·平克（Stephen Pinker）在声明自己决定不要小孩子时，结合进化理论和社会生物学理论的知识，利用通俗的语言将上述情况总结了一番——如果这个决定不受自己基因的支持，那么基因可以自行选择不再继续传递……[1]

人类的文化具有高度的灵活性，这种灵活性会对我们的遗传物质产生影响（有时灵活性本身是与我们的遗传物质对立的）。也正是由于人类文化的这种高度灵活性，共同生活过程中，出现于不同辈分人群之间的问题才会成为最常被讨论的话题之一——从人类历史开始之初直至今天。[2]我们人性中最大的特点就是，对未来怀有恐惧，同时又不能忘怀过去。在不同辈分人群关系之中，这种特性会得到什么样的体现，又会产生什么样的影响呢？

---

[1] S.平克（S.Pinker）《大脑中的思想是如何产生的》，慕尼黑，1998。

[2] 同 P2 注释[1]。

与教育有关的社会学知识

教育是一种文化现象。但是文化又是什么呢？人类学家伊摩根·赛格（Imogen Seger）曾经为其下过定义，在此我将借用这个定义："首先文化是一种符号系统，借助这种符号系统，人类群体将曾经发生过的事情加以整理、描述并解释说明。文化是某个人群需要共同遵守的公约。这种公约会对群体内部人与人之间的共同生活以及人与大环境的关系进行规范。这种公约，可以对人与大环境之间的关系进行预测和调控。文化是大家共有经验的集合，而这些经验则通过共同生活圈内人们之间的交流被吸收、筛选，最终再以文字或其他方式得以阐释。在这个过程中，出现频率最高的、最重要的经验会被保存下来，充当用以传承的主题。这样的经验有着重要的作用，他们会影响到文化圈内成员对待新事物和文化现象的态度和方法……文化不是一种突然出现的现象，而是代代相传的事物，文化对社会群体中的新增成员具有重要作用，文化之于他们，就像空气、阳光和食物一样重要——除此之外，再也没有任何其他东西的重要性能够和文化相比了。"①

个体在成长过程中总是要经过学习，遵守所处社会中的文化规则成为这个社会的一分子，这种过程和现象被人们称为"对所处社会文化的适应"或

---

① 伊摩根·赛格：《当鬼怪重现，原始社会文化中的世界观和宗教意识》，慕尼黑和苏黎世，1982，第14页。我们十分乐意讨论这个灵活的话题"文化"，但是我们也都知道，关于文化这个话题的探讨已经太多了（1952年的时候，阿尔弗雷德·克罗伯和克莱德·克罗孔共同合作出版了一本名叫《文化》的书，在这本书中，他们一一列举了175条对于"文化"的定义；从此以后，人们不再纠结于"文化究竟是什么"这个话题了）。

者"社会化"（绝大多数的学者认为，这两个概念其意义没有多大的差别，可以换用）。但是，几乎没有人可以想象出"社会化"是一件多么复杂的事情。就"社会化"自身而言，整个过程充满了内部矛盾：成长中的孩子总是在接收新的知识，但是这种知识的接收只是被动的，他们通常并不能意识到存在于这个社会中的潜在的价值（被个人或团体视为重要的、不可侵犯的并成为个人行为和社会准则基础的东西）。一个小孩子因为打了另外一个小孩子而被自己的父亲斥责，但他同时也可能感觉到，他的父亲在私底下是赞成他的"男子汉式"的举动的。如果一个黑人孩子被一个白人孩子"友好"地对待的话，那么这个黑人孩子可能就很难相信老师讲的关于社会平等的内容了。[①]

　　孩子与我们一样，生活在这个大的社会环境下，如同我们总是想要看到的情况一样——抛开那些不切实际的幻想（永无止境的温柔、只存在于传说的古代社会里的无条件的迁就）不谈，童年"无论如何也不可能成为一个没有任何烦恼的人生阶段"。[②]更有甚者，有些孩子的生活状况已经不能用有没有烦恼来衡量了，就像接下来的例子中提到的孩子们：在巴布亚新几内亚的高原上住着许多赞比亚人，这些人属于不同的种族和部落，而不同种族和部落之间总是充满了冲突甚至战争。10 岁以前，孩子们得到的照顾和看护几乎都来自母亲。这些孩子总是紧绷着自己的神经，有时可以一声不吭、连续沉默寡言好几年，在成长过程中，他们几乎没有见到父亲的机会，因为自己的父亲不和他们居住在一起，而是住在另外专门为男人们建造的屋子里。差不多 10 岁以后，男孩子需要接受极其严格的、残酷的、会伤害到身体和精神的训练。没有任何预警的，他们被迫离开自己的母亲，被赶进充满危险的森林里，

---

① P. 法布（P. Farb）：《这就是人》，汉堡，1981，第 436 页。

② F. R. 费维罗：《文化人类学手册，基础导论》，慕尼黑，1988，第 167 页。

在那里忍受饥饿和毒打。从森林里回来以后，他们也搬到专门为男人们建造的屋子里，在那里他们将接受与性有关的知识，完成他们的成人仪式。从此以后，在未来的很长一段时间里，他们都不能和自己的母亲以及任何其他女性接触。[1]

　　这个例子或许会给大家留下这样的一种印象，只有在男人的世界中，年长者才会对后生做出这样的具有攻击伤害性的事情。然而，事实并不是如此，成人以具有侵略攻击性的手段来对待孩子是不分性别的，当然也不是男性的专利——这样的例子几乎可以说是随处可见，可以信手拈来。在苏人（美洲土著印第安人的一支）群体中，当母亲给孩子喂奶时，如果孩子咬了母亲的乳头，那么母亲会重重地击打幼儿的头部。母亲希望击打行为能够激发孩子的怒气，这样他们才能在长大后成为勇敢的猎人。[2]在位于南太平洋中的卡罗利来群岛上，生活着一群被称为"伊法鲁克人"的原住民，这个群体人数很少，与外界接触也不多。新生儿在出生后的头三个月中，必须每天三次被送到自己的祖母那里。从凌晨开始，祖母就开始给他们洗冷水澡（人类学家M.E. 斯派罗在记录下这一情况的时候还同时写道，自己每天清晨都是被孩子们凄厉的哭声和惨叫声惊醒的）。[3]生活于加纳北部或象牙海岸（即科特迪瓦共和国，旧译象牙海岸，源自法语，因盛产象牙而得名）境内的塔伦西人从产褥期就开始朝孩子身上浇热水，用草药熬成的汤水从孩子咽喉部位开始浇起，然后向下流淌到全身。其他的种族和部落也都用自己的方式来"虐待"那些可怜的孩子，可能具体手段不同，但是无一例外的，这些方式总是让人

---

　　[1] B. 提波尔德（B.Diepold）：《青少年性意识的形成》，收录于由 P. 布赫海姆（P.Buchheim）等人编纂的《1995 林道尔文集》中，柏林、海德堡和纽约，1995，第 103 页。

　　[2] E. H. 埃里克森（E.H.Erikson）：《童年和社会》(1950)，斯图加特，1984，第 132 页。

　　[3] 选自 F. 雷恩格里（F.Renggli）的作品：《恐惧和安全，存在于母婴关系之间的社会文化因素》，兰贝克，1976，第 117 页。

痛苦不堪。这种例子不胜枚举，所以我就不在这里一一罗列了。但是仅仅从上面的几个例子中，我们就可以看出这些土著人民的生活状况究竟是什么样子的了。有些人厌倦了大都市里的生活，他们梦想着从"原住民"的生存环境里找出自己"失落了的幸福"（几年前有一本畅销书曾经推崇过这种观点，而这本书中的观点得到了很多人的附和，赞同作者观点的人会追随作者，做出和作者书中描写的那种举动①），而上面的例子或许会让这些人受到严重的打击，因为原住民的生活环境不仅不是他们想象中的充满浪漫色彩的理想国度，而且还是一个几乎可以称得上是充满了血腥、暴力和痛苦的地方。

今天，我们将"来自父母的关爱"视为理所当然，认为这是天经地义的事情。但是综合我们刚才看到的例子，我们必须要认识到这样的一个事实，那就是人类社会中的这种现象其实只是个例。人类的繁殖过程决定了孩子从存在的那一刻起就与父母之间有了斩不断的关系（这种关系是由基因决定的），尤其是孩子的妈妈天生就有关爱孩子的倾向；然而这种对孩子的关爱倾向并没有一个严格的范围，关爱倾向的实现与否会因为个体差异而存在很大的不同——有的和文化准则一致，有的甚至与文化准则处于完全相反的对立面。父母在对待孩子时，他们付出的关爱在多少和程度上不可能总是一成不变的，因为这种关爱既不是"源于自然的"（不是由基因遗传而形成的固定的人类行为模式），也不是通过各种各样的价值方针得以固定下来的。价值

---

① 珍·莱德洛夫：《找回失落的爱与幸福》，慕尼黑，1980。这本书记载了作者亲自前往南美洲，寻找当地土著居民——叶瓜那印第安人——的经历。看完这本书后，如果你还和作者本人珍·莱德洛夫一样，只会不断地夸奖主人公身上的勇气和智慧的话，那么你一定忽略了书中的一个小矛盾——主人公一直以自己具备着精湛的外科手术能力而自豪，但是在叶瓜那人的群体中，这种技能却是不被允许使用的，由于这种原因，主人公不得不离开了叶瓜那人居住的那个隐没在热带雨林中的小村庄，回到了繁华、现代的美利坚合众国。

方针起源于文化发展的过程之中，并最终得以确定，但是父母应该如何关爱孩子却没有一个固定的标准。每一个团体中都有一系列的影响源（"社会化代理中心"），这些影响源将对个体进行社会化教育。在不同的团体或社会中，社会化代理中心会有不同的表现形式，但是归根到底——几乎在所有的文化中都是如此——所有的社会化代理中心还是可以被分为反复在历史中出现的那几类。这种分类既可以以社会学中的准则（例如从看护人员的不同角度出发，从父母、兄弟姐妹到同龄的玩伴等等，进行研究进而得出结论）为标准，也可以以文化形式的内容为依据（在不同的文化群体中，相应的文化尊崇者会有不同的世界观和方法论，他们会用不同的方式应对施加在自己身上的惩罚，例如，有的人会嘲讽宗教仪式。通过这种具体的文化内容中的差异，研究人员可以对文化进行分类……）。

在小孩子刚出生的那几个月里，照顾和看护他们的任务主要都是由父母、哥哥姐姐和亲戚们来承担的。这个人群在照顾小孩子的过程中，总是会使用一些方法和策略来限制小孩子的一些行为，对孩子的某些行为进行矫正。随着年龄的增长，小孩子们的活动能力变得更强，这时他们更加需要同龄玩伴，玩伴之间的相互影响作用也在他们的身上得到越来越明显的体现。有时孩子们会感觉到这种伙伴关系给自己带来压力，其实在现在的这种工业社会中，来自同伴的压力及其产生的作用已经没有以往那么大了，即使是在幼儿园和小学里，源于伙伴关系的压力也被大大地削弱了。在远古的部落社会中，源于伙伴关系的压力有着十分重要的作用，因为这种压力是促使大家一致行动的基础条件（详见于第七章）。有时为了惩罚同伴中某个人异常的、不合群的举动，群体中的其他成员会对这一个人进行嘲讽捉弄，或者将这个人驱逐出这个群体，有时还会对这个人进行恐吓，诅咒他的行为会受到超自然力量的报复（《亲

爱的上帝见证这一切》）。

生活在今天的我们是十分幸运的，因为其他的社会化要素，如血腥的复仇和武力自卫，在如今的工业社会中已经不再占有主导地位了。对于现代社会中的共同生活形态而言，除了各种公共机构和制度（如学校以及由学校深化发展来的义务教育制度①）的建立以外，社会价值和社会准则的内在化应该算是最为重要的：个体也成为一个可以能够对自我进行控制的社会化代理中心。在提出了"从他者制衡转向自我制衡"的概念以后，德国著名的社会学家诺贝特·伊利亚斯（Norbert Elias）完成了自己具有划时代意义的著作——《文明的进程》，在这本书中，诺贝特还详细地说明了"从他人制衡转向自我制衡"的主要特点。②"在教育孩子的过程中，宣扬公民的传统美德需要和感情控制结合起来……在必要的时候甚至要选择合理地控制情感……从18世纪晚期以来，建立学校已经逐渐变成国家的任务之一，相关的主管机关也越来越重视义务教育制度的完善。这种状况一直持续下来，体制沿用到今天。社会准则的传播和公民个人意识的产生都植根于这种大的教育制度下，而形成于这种条件下的公民意识会将他人制衡内化，并对自我情感进行控制。面对社会的变迁和隶属关系的转变，感情控制不仅仅是指能够隐藏扼制自己的冲动，还要求能够保护自己不受内心恐惧的侵袭，因为这种恐惧有时会引起毁灭性的灾难……"社会科学研究专家托马斯·克莱斯本（Thomas Klein-spehn）如此说道。另外一位社会学家指出："对直接的身体机能的掌控是我们情感控制的开端，但是情感控制的结尾并不仅仅是能够持久地忍受久候不至

---

① 我们已经习惯了"义务教育"，对其表示反对的声音也是小之又小，但是并不是表示完全没有人反对，I.伊里希（I.Illich）刚好就是这样一个例外，他著有《非学校化社会》，慕尼黑，1995。

② 诺贝特·伊利亚斯：《文明的进程》（1939），第二卷，美因河畔法兰克福，1976。

的满足。无论从组织上还是从技术含量上来讲，这个社会都是一个十分复杂的团体，而高水平的情感控制则是维持这个社会有序运转的必需品。"①我们所看到的团体或联盟就产生于这种条件下。②

弄明白每一种发展会带来的什么样的结果是一件十分紧迫也十分必要的事情，在这里，我将用极其贫乏的社会学语言为大家加以举证和说明。父母们都拥有一个理想——"成为更好的父母"，他们也因为这个理想而承受着巨大的压力，有时他们深感绝望，因为他们觉得自己陷入了一个泥潭，而充斥在这个泥潭中的满是义务和自己必须完成的事情。社会和其他外部势力只强迫他们承担起无止境的责任和重担，没有人会注意到父母们本身不情愿的"具有颠覆性的"感觉和想法，更别提允许他们尽情地享受享受生活了。（直到父母们的忍耐达到了极限——"我们忘了自己了！"——这种感觉随时都可能侵袭自己，家庭又变成了大家激烈争辩、满是冲突的场所。）感情控制发展到一定程度后，引起的后果当然还不止如此。一方面孩子接受越来越多的准则规范，另一方面"儿童的自由发展余地"因外部强制因素（如越来越复杂危险的城市交通、家庭住宅变得越来越小）而变得越来越狭窄。这些现象究竟会对孩子的发展造成什么样的影响呢？阿姆斯特丹人曾专门为此举办了一场大会，这次大会以"孩子和孩子在城市中的生活环境"为主题，引起了大家的激烈反响，并用下面的这段话对这个问题做出了明确的回答：

---

① H.P. 德雷策（H P Dreitzel）《对因按劳付酬原则引起的不幸的社会学反思》，收录于《按劳付酬原则的合理与不合理之处》，慕尼黑，1974，第45页。

② 从文化人类学的角度来看，下面这段话十分重要："有一件事情我们必须明白，并不是所有的文化都会为隶属于这种文化的人群提供进行自我控制的适当诱因。我们现代生活的社会会要求每一个社会成员进行自我控制，在其他的工业社会中的也是如此，但是截止到目前为止，还没有任何一个证据可以明确证明，'原始'社会中的情况也是这样。"（同 P36 注②，第171页）

"现在，绝大多数的父母都不允许自己的孩子独自在家以外的地方玩耍，还有些孩子则因为太过稠密的日程安排计划而根本没有时间出去玩耍。此刻的孩子还未曾想到，迟早有一天他们是需要独立的。荷兰地理学家莉亚·卡斯滕（Lia Kasten）提出了这一论题……在卡斯滕的认知中，现在的来自中产阶级的小孩子一直成长在成人们密切注视的眼光下，这种密切注视的眼光会一直伴随着他们到6岁。'以前，即使是仅有4岁的小孩子，父母们也会允许他们在外面的街道上玩。'卡斯滕说道，'现在，这种现象几乎已经看不到了。'而隐藏在这种现象背后的原因是由于车辆越来越多，犯罪现象也偶有发生，所以很多家长认为街道马路是很危险的地方，将这些地方列为孩子玩乐的禁区。父母通常会为孩子计划一个节奏紧张的下午活动安排来取代孩子独自出去玩耍的时间。"①

在人类学家眼中我们现在生活的这个工业化社会所有和"社会化"挂钩的事情以及与"教育"相关的概念都背负着巨大的压力：越来越少的家长会选择生育多个孩子，然后家庭的规模变得越来越小；家庭中仅有的孩子就背负了父母所有的期望和要求，在这个充满激烈竞争的社会中，他们必须不断地提升自己的各种能力。在这种让人不解的、不利于儿童身心发展的环境下，他们身上背负了数不尽的看似轻微却无处不在的各种各样的义务——从家长会到儿童津贴的核算。德国著名的社会学家伊丽莎白·贝克（Elisabeth Beck-Gernsheim）在她的一篇关于幼童研究的个人评论中曾这样写道：

"或许，按照我的猜测，那些职业女性更愿意和小孩子在一起玩耍，搂着他们的脖子亲吻，而不是一直严格遵守着现代社会中的各种时间规定，按部就班地去完成各种任务。她们经常会有这样的举动——站在已经打烊的店

---

① 《斯瓦本日报》，1995年4月12日。

铺门口（如超市、药店、长途电话局），一动不动，承受着周围人指责的目光，她们因为这种举动被认为是'没有时间概念的'、'没有组织的'、'无效率的'人群。在与孩子互动相处的过程中，有一个现象我们不得不注意，那就是这种互动相处经常会受到外界的干扰，因为这也不符合大多数人的时间节奏。"（很多人认为这种互动十分浪费时间或根本没时间进行。）①

现代文明社会中，人们对"同步效率"的要求越来越高，而这一要求最明显的表现就是时间压力②的不断增大，人们会对不同的工作日程表进行不断地调整，然后尽可能地缩短时间完成额定任务；至少在家庭生活中，女性在完成各种烦琐的家务活过程中，还要同时负担起照顾孩子的责任。

总的来说，现代社会时间压力和效率压力都在不停地增大。与此同时，不停增加的还有家庭生活中的经济负担。这一切变化都意味着，父母们需要达到的要求变得更高了。许多父母将这种要求内化以后，立刻借助与孩子之间的每一种冲突形式来表现自己的抵制情绪。许多人在决定成为父母之前，会做一份十分周密且长远的计划，甚至计划到孩子将来的成长发展和学校成绩状况，以及打算好忍受因孩子而引起的一系列的工作上的不便和经济负担。在朋友圈中，他们发现自己成了少数派的成员，与之相对，不孕育子女的人群变得越来越庞大。这样一来，我们也就不难理解，这些成为父母的人为什么希望别人能够给予大量的精神上的鼓励了，因为他们真的在进行一种刺激的冒险行动（养育孩子）。但是，事实情况却是，朋友圈中没有人会因他们的行为而赞扬他们——有时甚至更惨，他们的行为还受到群体中其他成员的

---

① E.贝克:《论关系研究中的"社会窗口"》,收录于《家庭动力学》,1995 年 2 月版,第 198 页。

② 参阅 K.左锡克（K.Jurczyk）和 M.S.瑞里奇（M.S.Rerrich，编者）的《日常生活中的工作，论日常生活中的社会学原理》，弗莱堡，1993。

摒弃。在这种情况下,他们只有将自己的期待(得到别人的认同,一种成就感)寄托在下一代身上了。那么接下来的事情就像预先排练好的一样,家长与孩子之间的冲突连番上演。有时孩子看事情是十分果断且直截了当的——就像我曾经问我的儿子多米尼克一样,为什么他认为自己需要父母,他组织了一下自己的语言后回答道:"打扫卫生、做饭、念书给我听、亲吻我——差不多就这些事情。"

为什么孩子终究还是需要父母

之所以以这种方式提出这个问题,是因为我是从孩子们的角度出发,进行思考的。这个问题本身就代表了孩子们的一种态度。其实这是一个十分有意义的问题,进化理论中也常常讨论这个问题。因为提出这个问题的时候,人们繁衍的成果首先得到了肯定,某些基因组合也得到了传播:每一位成为父亲或母亲的人都应该被"奖励",因为他们都为了自己孩子的生活付出了巨大的努力,这是多变的文化产物也无法改变的事实。最重要的改变则在于人类的生活质量有了很大的提高:在生物基因进化领域,人们只有通过后代和不断地繁衍才能完成基因的遗传。在文化进化领域中——十分幸运的——我们的视野变得开阔。这种变化以各种形式表现出来:印第安苏族人和斯巴达人衡量好父母的标准是,将自己的孩子培养成最坚毅的战士。今天我们在看待这个问题时,情况已经有了很大的改变。

"父母究竟有什么作用"这个问题被打上了生物学知识的烙印,而这个问题的答案则包括了——根据人的双重属性——生物学和文化两个次元。所以将这两方面综合起来，才能有一个完整的基本架构。大致说来，父母是营养基（来源于衣食父母这种说法）和训练伙伴。

这个答案让一件事情变得明朗化了，那就是父母具有两种实用功能——但是如果父母长时间地一直发挥这两种功能的话，那么后代的发展会受到阻碍。因为这样父母顾忌到的更多的是自己的利益，而不是孩子的利益。换句话说也就是：将自己变成可有可无的角色也是父母们应该扮演的角色之一。很明显，这样做可能意味着父母们必须要承受巨大的精神痛苦。然而，遇到这种问题时，很多父母却尝试着将过错推到他人身上，并将自己感觉到的精神负荷再转嫁到自己的孩子身上。对于某些所谓的"好"父母，即使到最后或许也没有人能够看透，如果他们老是尝试用这种方式做事的话，他们将与自己的孩子渐行渐远——因为他们的孩子在很早以前就对他们的这种尝试免疫了。真正的"好"父母必须弄清楚情况，暂时忍受这种短暂的痛苦，并在适当的时候保持自己的尊严——其实，从某种程度上来说，这种过程将一直存在，直到父母死亡。父母还有一个功能就是为自己的子女创造适合他们生存与生活的空间。当然，这会给人们造成一种错觉：人类身上文化的烙印导致父母们必须这样做，即使他们有时并不是心甘情愿的。唯有当他们的必要性减退，变成"多余"的人群时，他们这种被勉强的感觉才会得到释放。由于人的自我意识和自我意识的媒介——文化的关系，父母的角色与生俱来就包含了不可避免的矛盾。正是这种与生俱来的内部矛盾最终导致了一系列的问题和不良后果，即本书的主题——父母与孩子之间的冲突。

作为"营养基"的父母

"营养基"这个词无疑是一种十分形象生动的比喻说法，即使仅仅按照字面意思来看，人们也不难理解。婴幼儿和未成年的小孩子都没有能力自己养活自己——他们需要水、食物和其他的矿物元素来维持自己的生命。他们还需要衣物（至少在我所在的地区是如此）以及必要的身体护理和保养。与存活下来一样重要的还有肢体接触和信息的输送——他们需要父母给他们安全感，需要被父母疼爱，需要得到来自父母的肯定和重视。以上列举的所有"精神养料"都是和一幅名为"母亲眼中的光辉"的画作紧紧联系在一起的。为了能够让孩子健康成长，所有的孩子都应该看到这样的一幅画作（这是一幅深具独创性的画作，出自美国心理分析学家海茨·科胡特之手。这本来只是一幅通俗作品，但是这幅作品却可以使我们了解到调解人际关系的重要意义）。

作为"训练伙伴"的父母

　　许多人类学家和心理学家都花费了大量的时间去研究人类，最后得出了一个结论：人类无论如何也不可能是没有感觉和理性的生物。尽管如此，为了掌握生存中必备的技能，人类还是要花费大量的时间在学习上面。而这些学习过程对于一个个体以后的生活状况有着决定性的影响。父母们总是喜欢将自己看做是孩子的老师，事实上他们也的确扮演着"老师"这个角色。但是当父母们还一直为自己的重要性而沾沾自喜的时候，他们作为孩子老师的地位已经开始下降了，父母们或许还意识不到这一点，他们始终高估自己，但事实却早已发生改变。也许父母们还不知道他们还有另一项重要的任务，那就是成为孩子的实验对象。当孩子们想尝试什么新的事物的时候，他们拿自己的父母来做实验，从他们身上得到实践经验。

　　"你这个该死的同性恋！"我的儿子要做一件事，我却不允许他做，于是他就这样愤怒地朝我咆哮（我也想将这件事情永远烂在自己的肚子里，但是……）。发生这件事的时候，家里正好有客人。当时他 7 岁，自然不知道"同性恋"这个词究竟是什么意思，但是却清楚地了解，这句话会引起他人什么样的反应——他成功地完成了自己的发泄并引起了他人该有的反应；事实上，我真的对此感到十分诧异，但是诧异的程度却远远赶不上我妻子的女性朋友。乍然听到如此劲爆的话以后，我妻子的这位朋友低声但却坚定地说道："我觉得，我们还是先离开一下比较好……"

　　面对来自孩子的挑衅，我从来不认为父母们应该永远用轻松愉快、镇静泰然的态度去处理（例如用这样一种方式来处理前面提到的发生在我身上的事情：啊，这真是太好了，你的词汇量又扩大了，宝贝……），我甚至从来就没有这样认为过。孩子们总是想要知道，当他们做出一些极端的事情以后，接下来会发生什么，大人们会作出怎样的反应。让孩子知道，面对他们的过分举动，周围的大人包括自己的父母，有时也会倾向于用极端的反应来回应他们，是一件十分重要的事情，他们可以借此明白大人的底线究竟在哪里，认识到并不是所有的事情都可以肆无忌惮地去做的。如果当孩子做出极端过分的举动时，父母还用一贯的沉着冷静和温和适宜的态度去对待他们，那么下次可能出现的情况就是，孩子会用更过分的手段来进行自己的试探行为。真正重要的不仅是父母对孩子行为的真实反应，还有事后对孩子的教育以及对事情本身的解释说明。我这样重复强调这一点，只是因为有很多父母没有认识到这一点，或者在面对这个问题时还存在着疑惑（就我个人的情况而言，我比较倾向于采用一些冲动极端的方式来回应孩子过分的举动——事实上我也的确这样做了。有时在我实在忍受不了而选择对孩子们进行"狂轰滥炸"以后，我会在事后请求孩子的原谅。同时我以自己的举动告诉孩子们：不要将一个人逼到极限了还紧追不舍，如果你这样做了，那么你必须考虑到这个人随时都可能失控，并早做防范）。

在这本书中，"父母究竟有什么作用"这个话题还会被多次谈到，同时会讨论到的还有父母们在扮演自己的角色时遇到的心理难题，比如，为什么我要勉强自己接受这样的一个角色以及我该用什么样的方法来使自己成为一个好爸爸或好妈妈。在本章节内容即将结束的时候，我还要再次明确声明一件事：在抚育培养孩子的过程中，"我要成为最优秀的父母"是所有父母们的美好愿望，但它同时也还是一个极大的精神负担，而作为人类父母的我们，真的没有必要给自己施加如此大的压力。这个世界上本来就不存在"最优秀的父母"这种生物。如果真的有人一直在强迫自己朝这个目标前进，那么他的收获很可能会和自己的期望值完全相反，因为这种过分的盲目和自信对孩子的成长和发展并没有好处。我们需要做的只是成为对自己的孩子而言"足够好的"父母——足够好，给他们正确的应有的指导，然后让他们自己去争取得到自己想要的，让他们自己去了解，当我们不在身边的时候，他们究竟必须知道并掌握什么样的知识和技能。

有时在某些特殊情况下，用大棒加萝卜的政策对待自己的孩子并不是一件容易的事。而引起这种现象的原因则是父母们还没有准备好接受一些情感上的冲击。我们总希望自己的孩子是另外的一种样子——他们是出色的，并且借由自己的行为向我们证明，我们是最棒的父母。然而，事实的情况却是，有些我们该做的事情却没有做到。有些父母曾经有过这样的经历：由于没有满足孩子们的需求，没有接受并鼓励他们的兴趣，自己的性格和行为被孩子给予差评。针对这种情况，父母们绝对有必要接受他人的指点并进行认真的自我反省，正确看待存在于自己与孩子之间的阻力，并努力克服这种阻力进而成功地与孩子互动。

　　成为"坏"父母，有一件事情是十分重要的，那就是面对孩子的侵略性，"坏"父母们应该摆出接受的态度，他们的反应也应该是具有建设性的。不过，什么事都是说起来容易做起来难，这件事也没有例外。成为"坏"父母的第一步——应该正确认识到，孩子，即使是由自己身体中剖离出来的孩子，自脱离自己身体的那一刻起，他们就已经是独立的生命体了，作为独立的个体，他们会有自己的利益，而这些利益不可能永远和自己的一模一样。孩子们想要按照自己的利益行事，也是一件极其正常的事情，就像作为父母的大人们也会按照自己的喜好做事一样；尽管有些喜好或者按照喜好行事所造成的后果是值得商榷的或者甚至是有问题的。由于年幼，孩子们通常会有一些十分单纯的愿望，但是当他们表达出这些愿望以后，几乎永远都只能得到让他们失望的答案——这些愿望通常就是这样，我今天不想去上学了，我可不可以只吃冰激凌而不吃水果等等。就像正要开始学走路的幼儿一样，小孩子们只有不断地借助这样的"试探步伐"，而不是一开始就接受成人社会中的各种伦理道德上的严格规范和禁忌，他们才能够理性地逐渐学会控制自身侵略性的能力，尽管这种侵略性在最初对他们而言是陌生的事物。有些父母认为，自己与孩子之间的"和谐"关系是最重要的，为此愿意付出一切代价，所以在他们眼中，无论孩子做出什么事都是"情有可原"的，他们支持或纵容孩子们所有的举动，并利用这样的态度和方式来避免与孩子之间的冲突，但是最终结果却往往让他们失望，他们的行为为孩子的发展带来了不利的影响；另一些父母则选择冷酷地拒绝孩子们的要求，用冷漠的态度对待他们；还有一些父母，他们视孩子要求独立自主的愿望为孩子对自己的敌视和反抗，所以极早采取行动制止孩子的这种行为，最终导致孩子养成独立自主性格的机会被扼杀于萌芽状态。走了这三个极端的父母大有人在，但总的来说，这三种行为方式对孩子的发展都是极为不利的。

在现代社会中，一方面我们对孩子提出很高的要求，同时又冷落着他们（至少从花费在孩子身上的时间这一点上来讲，的确如此）；另一方面我们又在过分地宠溺他们，毫不夸大事实地说，正在这样做的父母绝对不在少数，还有很多父母还正在尝试着这样做。在知道了在过去的几个世纪中，父母与孩子之间的关系演变成了一场赤裸裸的权力争夺战以后，现代的很多父母希望自己与孩子之间的关系能走向另一个完全相反的方向。关于存在于年轻人与老一辈人之间的战争，特奥多尔·冯塔纳（Theodor Fontane）用一首简短的小诗对其进行了概括：

年轻人对我们而言是一种令人费解的生物

老一辈总是说着这样的话

但是我始终坚信这样一种观点

对我而言，老一辈人才是令人费解的存在

这群总想将权力握在自己手中的人

这群总认为自己十分重要的人

连同他们眼中的眼泪和无声的哭泣

好似整个世界都在痛苦一样

这一切我都无法理解。

我们的后生是否胆敢

真的做得比我们更好

他们是否离帕纳塞斯（希腊山名，古时作为太阳神和文艺女神们的灵地，这里指青年人在文学方面取得成就）更近了

还是只是爬上了一个小鼹鼠丘

他们是否又结交了其他人

他们的人品变好还是变坏了

他们守卫和平还是挑起风暴

他们为他人带来天堂还是地狱

上帝赋予了他们获胜的理由

他们拥有每一天，每一小时

老一辈离开了，新的游戏即将开始

他们控制着整个舞台，他们出现在舞台之上。

第三章
存在"辈分之间的战争"吗？

众所周知，在人类社会中，男性与女性之间存在着与生俱来的巨大吸引力，这种吸引力促使男人和女人以各种各样的方式走在一起，如从一次偶然的晚间约会到建立长久的夫妻关系。尽管结婚人群的数目有不断减少的趋势，但是婚姻还是依然存在，婚姻的双方还是会作为一个团体，去进行孕育孩子的工作。但是，即使是在一个正常的家庭中，如果夫妻双方因为避孕措施出了问题而导致妻子怀孕的话，那么这个突然出现的孩子也会为男女双方的日常生活带来一系列的不便和不利影响。针对这种情况，现在有一段话十分流行，每天像回声一样不停地漫布到四面八方：

伴随着第一个孩子的出生，以往享受到的"爱情的甜蜜"消失了。然后，孩子出生以前对小夫妻而言最重要的事物突然间也都变成了历史，从此以后，小夫妻们不得不相信，自己的一生都必须被改变且已经开始改变了。许多人将这视为一种自然规律。其实不然，夫妻双方之间的爱依然存在——只是他们在自己都不知情的情况下自愿地放弃了对爱情的希望。他们这样做是为了孩子，然而受到损害的却是夫妻双方之间的关系。这种情况是十分可悲的，但更可悲的是，很少甚至几乎没有人意识到这种情况。[①]

　　上面的这段话引自教育家卡尔·海因茨·马里特（Karl Heizkessel Mallet）的一本书，这本书于 1981 年出版。有趣的是，马里特将自己对孩子出生以后夫妻之间关系变化的思考与《格林童话》中《汉斯和格莱特》这个故事联系了起来（在这个故事中，父母将自己的一对儿女遗弃在森林中，企图抛弃并扼杀他们）。这个童话故事可能是如今流传下来的最早涉及父母与孩子之间剧烈冲突的文学作品了，这个"小哥哥和小妹妹的故事"将不同辈分人群之间的冲突和战争鲜明地摆在大家的面前，为大家展示了一个颇具戏剧色彩的案例。

　　另一个表现了父母与孩子之间冲突的十分著名的例子是俄狄浦斯（Ödipus）的故事。这个故事不断地被人们传诵、加工、分析，从西格蒙特·弗洛伊德（Sigmund Freud）到托瓦尔特·德特雷福仁（Thorwald Dethlefsen），这个故事从来就没有被人们淡忘过，并且现在还有一大批人前仆后继地踏入研究这种现象和问题的行列。俄狄浦斯这个故事中充满着残忍的元素，故事本身也十分罕见。这个故事在长期流传的过程中演变出了不同的版本，细节上有不少差异，人们对这个故事的理解和注释也各不相同，但是忽略掉细节上的差异不计，有一件事是十分确定的：作为父母们的长辈也会对自己的孩子使用暴力。曾经有人为奥腊国王做过预测，他将在未来的某一天被自己的亲生儿子杀死。这位强势的君王为此感到十分害怕，为了不让预言成真，他命人将自己的稚子扔到了野外，并且孩子被抛弃时，双脚还被紧紧地捆绑在一起。在古代的部落氏族群体中，人们一直用这种方式来完成弃婴这项工作，这种方式在古希腊时期尤为盛行。当奥腊国王想要杀死自己的孩子时，为了

---

　　① 卡尔·海因茨·马里特（K.H.Mallet）：《您了解孩子吗？孩子如何思考、感受和行为——以〈格林童话〉中的四个小故事为例，对此进行分析》，汉堡，1981，第 31 页。

不"染脏自己的双手"，他采用了一种间接的方式。从遥远的古代开始，父母们就学会了克制一些自己都不想正视的愿望（比如杀死自己的孩子），这种情况发展到现在，依然如此，不过现在的父母们想要掩饰的不是想要谋害自家孩子的意图，而是过分地执著于为自己的孩子提供最好的一切。

但是上帝总是爱和我们人类开玩笑，命运中总是充满了巧合。在多年后的某一天，奥腊国王和那个被自己遗弃的孩子——俄狄浦斯相遇了。相遇的地点是一个岔路口，当时两人都不知道对方的身份，对于自己和对方的家属关系也更是一无所知。坐在车中的奥腊国王刁难了步行的俄狄浦斯，为此成年后的俄狄浦斯出于"巨大的愤怒"杀死了奥腊国王——自己的父亲。对于这件事的看法，法国人类学家乔治·德弗罗（George Devereux）更倾向于喜欢讨论贯穿事情发展的"俄狄浦斯情结"，即"恋母情结"，而不是先后受到来自自己亲生父亲两次攻击的俄狄浦斯。来自纽约的心理分析学家马丁·伯格曼（Martin Bergmann）则指出："有人认为导致俄狄浦斯弑父这个故事发生的原因是俄狄浦斯的恋母情结，那是因为他们忽视了或者看轻了父母对孩子的攻击性尤其是父亲对自己孩子的攻击性。对于自己的孩子，父母们要比我们想象的残忍，他们会有杀死自己孩子的冲动，而这种冲动有时是无意识的，有时父母们却是清楚知道的。父母们总是向孩子们展示自己对他们的爱，其实这种爱有时并不纯粹，有时则是被夸大了的。更为恐怖的是，父母们有时这样做的目的是为了掩饰自己杀戮的欲望。"[1]

杀戮的欲望？这种说法肯定会让绝大多数的读者感到震惊，并且难以相信，因为这离我们的真实生活实在是太远了。有时，孩子们的某些行为的确会

---

① 马丁·伯格曼：《在巨蟒的内心深处》，刊登于《精神疗法和心身医学的实际运用》，1990 年 3 月，第 69 页。

让我们难以忍受，伤害到我们，我们也会为此感到精疲力竭，觉得他们太过分，但是——杀戮的欲望？听到这种说法，几乎所有的人不假任何思考就会立刻回答道："这样的事情不可能发生在我身上！"让我们仔细地翻阅一遍世界史吧，看这样的事情会不会真的发生过。你可能会说，俄狄浦斯的故事只是一个具有传奇色彩的小说，汉斯和格莱特的经历则只是一个童话故事，这些文学作品可能都来源于生活，但是都有被刻意夸大的嫌疑，所以不足以作为例证。那么让我们来看一下《圣经》吧，这本书经常会涉及信奉基督教的欧美等国的历史。论及其内容的广泛，再也没有第二本书可以和它相提并论了。

在古老的文献——例如《新约全书》中，存在于奥腊国王与自己的儿子俄狄浦斯之间的生死冲突并不是什么罕见的事情，与之类似甚至情节更严重的都有不少。以亚伯拉罕为例吧，上帝为了考验他的忠诚，就残忍地命令他将自己的儿子以撒杀掉（虽然上帝只是为了试验他，但是亚伯拉罕却不知情，他真的打算将自己的独子杀掉），而亚伯拉罕就像是米尔格拉姆实验[1]中的实

---

① 心理分析学家斯坦利·米尔格拉姆（Stanley Milgram）曾经主导了一次十分著名的实验，后来人们就以实验主导者的名字为这次实验命名，这也就有了现在人们常提到的米尔格拉姆实验，也被称为米尔格拉姆服从实验。米尔格拉姆的实验方案是：在一场特意安排的教学课程中，每两人为一组，一个人扮演老师（这个人是受试者，这些受试者都是在所有报名人员中随机选择的，在职业、文化水平等方面各不相同），另一个人扮演学生。学生需要回答老师提出的问题，每回答错一次，老师就对学生实施一次电击，随着错误次数的增加，电击所用的电压也将逐级增加，电压从15伏（轻微电击）到450伏（危险——剧烈电击），每次电击的级差为15伏。在实验进行过程中，老师（受试者）被要求不要管学生的痛苦挣扎和尖叫，只要他们回答错了问题，就对他们实施电击。实验的结果也震惊了整个世界：第一次实验（这次实验于1962年在位于纽黑文境内的耶鲁大学进行）的结果是，65%的受试者服从了当时对他们而言还算是陌生人的实验主导方的命令，也就是说他们对答错问题的"学生"施了足以致命的电击（当然，这些"学生"事先已经知道了情况，他们假装自己被折磨到痛苦得即将死掉）。这个实验随后又相继在不同的国家、不同的人群之间进行，经过反复的实验，研究人员最终得到的结论是：只有七分之一的受试者会全力反抗实验主导方的不合理命令，不愿做一个残忍的、没有理智和良知的、只知道服从实验主导方命令的施虐者。

验对象一样顺从，他听从了上帝的命令。最后如果不是上帝派了一个救赎天使落在他的胳膊上阻止亚伯拉罕的行为，以撒将过早地去见上帝了。根据《圣经》中明文记载，上帝自身难道不是一个典型的专横霸道的暴虐的父亲吗？他总是用阴险恶毒的心思来对待自己的信徒和子民，以折磨他们为自己的最大乐趣，他甚至可以被评为一个名副其实的暴虐狂。"因为我，你的主人，你的上帝，是一个善妒的神"（《摩西五经》第 20 章第 2 条）是出现在《圣经》中的一条教义。不光是这样的教义，耶和华的行为也是如此：前面刚刚提到过，为了考验亚伯拉罕的虔诚，他要求亚伯拉罕将自己的独子作为献祭品。耶和华过分的行为还不止如此，由于大卫一个人犯了错，他就迁怒于大卫所属领地内所有的人，让他们遭受瘟疫的迫害，而这一行为直接导致了数以万计的人失去生命；他因为拉麦说了"杀拉麦，必遭报七十七倍"而对拉麦予以惩罚，还因为他人的不顺从而对他们进行迫害。直至"将他碎尸万段"，上帝本身就是一个极端的无节制的父亲，他自大地说道："我创造了光明、我创造了黑暗，我创造了和平，我创造了灾难，我是创造了一切的神。"创造我们人类历史的就是这样的一位先祖——无论是在现实中还是有关他的神话传说中，他始终以这样的形象出现。

　　从耶和华到亚伯拉罕和以撒，从奥腊国王到俄狄浦斯，从汉斯和格莱特到现在我们从报纸中看到的那些被自己的父母害死的孩子，这一切都说明了什么——父母与孩子之间的冲突本身就是一场旷日持久古来有之的战争吗？

　　事实上很多实例都证明了这一说法的正确性，不管是在"黑暗的中世纪"，还是其他任何一个过去的时代，父母与孩子之间的冲突甚至战争始终伴随着人类历史的发展而发展。近现代的情况也没有好到哪里去。让我们从父母与

孩子之间的关系这个角度出发，仔细看一下世界史吧，我们可以立刻发现，很长时间以来，双亲对孩子的关爱和照顾是缺失的——前面提到过的那个莫扎特和自己长子的例子即是最好的例证。

"孤儿院"出现于中世纪末期，是近代社会的产物之一。暂且不考虑其中的恶劣条件，孤儿院在一定程度上可以说是社会进步的产物。国家参与到这项事务中来以后，孤儿院的数量又有了大幅度的增加。[1]最早的孤儿院出现于意大利北部的一些城市，在这些孤儿院中最著名的当数弗洛伦的"无依儿童收养院"了。但是无依儿童收养院并不是最早的针对无依儿童的机构，因为在这种机构出现以前，其他性质类似的组织就已经存在了。早在1160年的时候，居易·德·蒙彼利埃（Guy de Montpellier）就建立了圣神医院骑士团，该组织的遵旨之一就是要收容照顾那些无依儿童。后来这种组织逐渐多了起来。在意大利中部有一条河流名叫台伯河，但是不同于其他的河流，这条河中流动的除了水以外，还有不计其数的儿童的尸体。当时的教宗英诺森三世（Papst Innozenz III）乍然看到这种景象以后几乎可以说是被惊呆了，于是他立刻将居易·德·蒙彼利埃这个骑士团的创办人召回到罗马，在罗马的撒西亚，蒙彼利埃在教宗的授意下先后又组织建立了圣神无依儿童收养院和圣马丽娅无依儿童收养院。在欧洲的其他地区，与之类似的慈善机构也相继出现：

"被抛弃在社会慈善机构门前的婴幼儿不光有非婚生的私生子，还有很多合法的婚生子女——其实这种残忍的做法和亲手杀死自己的孩子没有什么不同。仅仅在1760年这一年，巴黎所有被抛弃在医院中的婴幼儿中就有15%是正常家庭中的婚生子女。这个数据或许会让人很震惊，但是更让人痛心的是，

---

[1] 参阅 A. 派佩尔（A.Peiper）的《儿科编年史》，莱比锡，1965，尤其是635页及随后的几页。

一个世纪过去了，这个数值仍然没有任何降低的趋势或迹象。已婚父母抛弃自己孩子的原因，除了可怕的贫困以外，更为重要的一点是他们对自己的孩子没有足够的重视，或者说他们用冷漠的可怕的态度对待自己的孩子。"[①]

　　1830年的时候，有25000个弃婴被安置在圣彼得堡弃婴收容院中，并且每年都还有5000名新进弃婴。在这个收容院中，共有12名医生和600名护士，代替抛弃自己孩子的狠心父母们照顾看护这些婴幼儿。但是即使有这些人的看护和照顾，也会有30%～40%的婴儿在来到收容院后的六周内就死去，只有三分之一的弃儿能够存活下来成长到六岁。[②]

　　上面列举到的史实和借用的真实材料给读者们留下的最深刻的印象应该是，作为长辈的父母竟然可以对自己的孩子残忍到这种地步，更让人震惊的是，上千年以来，这种状况都没有发生改变。有些存在于父母与孩子之间的战争，通常是由父母们挑起来的，然后孩子们来承受战争的恶果：这与屠场和献祭台有什么区别呢？在屠场或献祭台，白发苍苍的酋长、侯爵、将军或任何其他的类似的首领人物将群体中年轻的成员作为祭品献给神。1795年，以马利·康德（Immanuel Kant）在自己作品《论持久和平》中曾连续两次用到了一件逸闻趣事，这件趣闻似乎给这位来自科尼斯堡的终生没有子女的大哲学家留下了十分深刻的印象：

　　"一位保加利亚的公爵和一位希腊的国王之间发生了一些纠纷，但是希腊的国王不想通过发动战争的方式来解决这次纠纷，而是想用一个友好的赌约将这次的矛盾化解掉。面对这种情况，保加利亚的公爵回复希腊国王时说道：'一个拥有铁钳的铁匠会借助手中的钳子去取炉火中滚烫的铁块，而不是

---

　　① 同P36注①，第442页。
　　② 选自M.皮尔斯（M.Piers）的《儿童杀手——历史回顾》，刊登于《心理5》，1976，第424页。

直接用手去拿'……"①

保加利亚公爵那句看似嘲弄的话其实正中要害。现实生活中，孩子就像是铁匠手中的工具——钳子。只有借助钳子这种工具大人们才愿意去碰触火，而这些火还很有可能就是这些大人们点起来的。现在的情况和康德时代的情况没有什么两样，举例说吧，萨达姆·胡赛因曾经和乔治·布什以及玛格丽特·撒切尔都是盟友，但是时间并没有过去多久，乔治·布什和玛格丽特·撒切尔就要求并强迫萨达姆从被自己占领的科威特撤军，并声称萨达姆·胡赛因为"一切罪恶屠杀的根源"，甚至要求处死萨达姆。抛却政治利益，他们的这种行为同时证明了，老一辈的人从来就没有放弃过必要时处死后辈的念头。

由于种种原因，我并不宜在这里向大家详尽地解释，为什么在人类发展的各个阶段中，父母们对自己孩子的关注可以出现如此大的变动——但是有一件事却是十分确定的，那就是父母对自己的孩子怀有恶意这种现象曾经出现过，以后也将会继续存在；还有一件事也是确定的，对于由自己一手拉扯大的、即将在未来的某一天接替自己的孩子，父母们在关心他们的同时，也会对他们怀有憎恶之心，残忍和暴力将伴随着关爱同在；无论父母与孩子之间的关系在未来会有什么样的发展趋势，这种关系也永远不可能是绝对和谐、没有任何冲突的。

人类的基因造就了人类一系列的行为方式和性格，而在这些行为方式和性格中，十分具有特色的则包括了人类的"哺育天性"。但是在很久以前，这种生来就有的天性随着社会的发展而逐渐被人们遗失了，或者这种天性已

① 以马利·康德：《论持久和平》（1795），收录于《理论作品集》，由威廉·魏施德（W.Weichedel）整理编辑，美因河畔法兰克福，第十一卷，第198页和第209页。

经发生了改变。人们佯装不知道自己身上还拥有"自私的基因"，为所欲为。在这种价值观念的驱动下，一些罔顾人伦的惨剧也发生了。1995 年 6 月 6 日，年仅 20 岁的美国女人珍妮·贝恩·杜克用安全带将自己的两个孩子扣在了温度过高的汽车中。珍妮这样做的原因是为了自己能够不受干扰地参加一场聚会。这两个小男孩一个只有两岁，一个三岁。八小时后，珍妮从宴会离开的时候，那两个小家伙早已经离开了这个世界。①珍妮做出这种事情，已经不是有没有"母性"的问题了，或许，她在潜意识里就想摆脱这两个老给她找麻烦的小家伙了，她早已动了杀死这两个孩子的心思。

在不同辈分人群之中，人们犯下的罪行各种各样，而这些罪行又可以被分为两类：一类是作为长辈的父母对作为晚辈的孩子使用暴力；与之对应的另一种则是作为晚辈的孩子对作为长辈的父母使用暴力——后者正逐渐成为现代社会家庭暴力的主要组成部分，媒体中关于这方面的报道和评论也屡见不鲜，在本书前面提到过的"恐怖的孩子"就属于这一范畴的内容。

孩子对父母的攻击性不光表现在直接的肢体攻击、想要杀死自己的父母上，更为常见的一种表现方式是贬低自己的父母，贬低他们的想法、愿望和感觉。1376 年的时候，教宗格列高利十一世（Papst Gregor XI）决定将阿维尼翁流亡教廷迁回罗马，为了劝阻他，"他（教宗格列高利十一世）的父亲纪尧姆·德·博福尔伯爵（Guilaume de Beaufort）跪在他的脚下祈求他，但是格列高利十一世却一脚将自己的父亲踢开，并且毫无怜悯之心地引用了《圣经》中《诗篇》里的一段话：'这儿写着，用对待毒蛇的态度来对待他，并将这个蛇妖（东方神话传说中看人一眼即可置人于死地的蛇精）狠狠地踩在自

---

① 杜克女士被麦克明维尔（McMinnville）地方法院判处 30 年监禁。参阅《斯瓦本日报》，1995 年 10 月 5 日。

己的脚下'……"[1] 1105 年的时候，德意志圣神罗马帝国的皇帝海因里希四世 (Heinrich IV) 被自己的儿子囚禁并剥夺走了手中的权力。这位君主也曾"主动跪在自己儿子的脚下，祈求着自己的儿子，但是他的儿子却完全不考虑自己父亲应有的权利，这个残忍的人甚至不屑于向自己的父亲流露出任何多余的神情，对于自己父亲的请求，他只当做没有听到……"。[2]

据社会历史学家所知，中世纪时期，孩子与父母之间的冲突以及他们对对方的憎恶感觉可以发展到让人无法想象的地步。与今天的种种情况相比，中世纪的一切似乎都更加的公开和不加掩饰。父母和孩子之间对权利的争夺从未停止过。发展至今，只是情节上少了一些戏剧性，形式中少了一些悲悯的元素，但是这些经历和发生的事情不会比中世纪社会中出现的少。

1995 年 8 月 23 日，德国电视二台围绕着这个主题，曾经进行过下面的报道：

"'有时候，我甚至希望他的自杀尝试真的能够成功。'一位母亲含着泪这样说道。这位母亲正在谈论的人是自己 14 岁的儿子拉尔斯，母亲认为正是拉尔斯让自己的生活变得水深火热，如同生活在地狱之中。来自儿子的蔑视、咒骂和殴打是这位单身母亲的家常便饭。这位母亲并不是唯一一个被这样对待的人。对父母施暴这种事情在今天的社会上有逐渐增多的趋势，通常，施暴者都是家中的男孩子，他们用殴打、咒骂和其他各种各样'具有攻击性的行为'来对待自己的父母。'村子里的人都对我指指点点，因为我没有管

---

[1] B. 图赫曼 (B.Tuchmann)：《亲爱的镜子，戏剧化的 14 世纪》，慕尼黑，1982，第 294 页。

[2] 《海因里希四世生平》，很可能是由比维尔茨堡人比绍夫·埃尔顿 (Bischof Ertung) 搜集整理的，引自有海因里希·普勒提哈 (H·Puleticha) 编纂的《德国史》第二卷：《从萨利安王朝到斯陶芬王朝》，古特斯洛 (著名的贝塔斯曼出版集团就是从这里发迹的)，1982，第 199 页。

教好自己的孩子。'一位来自斯瓦本地区的名叫伊尔卡·霍夫里希的母亲说道。每一次父母们都在尽自己最大的努力来抓住管教孩子的适当方法……"[①]

　　霍夫里希女士的说辞具有一定的代表性。父母们害怕失败导致了父母与孩子之间的关系变得紧张，并为孩子与父母之间关系的发展埋下了隐患。如果父母们能够正视自己与孩子之间充满冲突和矛盾的关系——毫无疑问，所有的父母都在承受着这种关系带来的折磨——那么让父母接受自己的矛盾心理和负面感觉也将变得更容易。在这里和接下来的内容中，我将带领父母们认识到，当自己受"负面感觉"影响时，自己会有什么样的情绪和冲动。这种认识不是为了强调义务和责任（内聚力，尤其是爱）有多的重要，只是单纯地让父母们正视自己的心理活动（心理学家们经常提到的"好斗的"或"让人讨厌的"情绪，例如嫉妒、仇恨等等）。

　　上面所说的一切，绝对不是为了向父母们证明，你们应该允许自己的负面情绪随意地滋长泛滥，而是为了指出父母应该诚实地面对它们，坦诚地和大家探讨它们。在有一些哗众取宠专以耸动新闻吸引大众注意力的媒体报刊杂志中，有一些事实会被过度夸大，而发生在父母与孩子之间的常见冲突也会被刻意尖锐化。曾经，有一篇报道的内容让人十分震惊：宝马汽车公司的首席设计师盛怒之下枪杀了自己的儿子，而导致他盛怒的原因则是儿子沉迷于吸食毒品。这种报道通常会使人们产生一种错觉：原来父母与孩子之间的

---

　　① 《斯瓦本日报》，1995 年 8 月 23 日，这里引用来自德国电视二台的报道将在同一天以电视新闻的方式被播放出去。

冲突已经恶化到了这种地步！[①]

面对自己的孩子时，有些人想要排除自己的某些情绪，尤其是"负面情绪"，失败以后，他们就总是将父母与孩子之间的冲突刻意地夸大。针对这种情况，心理学大师西格蒙德·弗洛伊德在很早以前就说过："越是想要刻意排除的情绪反而越容易反复出现。"

如果将家庭关系比作是一场持久战的话，那么父母和孩子则分别是参与到这场战争中的两支敌对军了。下面让我们再将话题的重点移回到参战的一方——父母这边吧。[②]究竟是为什么，作为长辈的父母要对作为晚辈的孩子们实施一系列的具有攻击性的伤害行为呢？针对这个问题，现在已经有一点得到了大家的公认——父母们害怕自己的孩子成年以后会做出对自己不利的行为：他们会和我们争夺有限的食物，当食物不足时，我们应得的那一份就自然成问题了；他们会夺走我们的皇冠和地位，必要时甚至不惜迫害我们的生命；在未来的某一天，将我们从财富、权利、地位和名誉的舞台中推出去。（心理分析学家狄奥多·莱克，在谈到"对遭遇报复的恐惧"时曾经这样说道。）[③]"对遭遇报复的恐惧"这种说法是由一位名叫 C.F. 克鲁格（C.F.Kruger）的作家于 1752 年提出的。由于时间太过久远，他的详细名字已经被遗忘了。但是由

---

① 杰夫瑞·达莫（Jeffrey Dahmer）美国历史上最臭名昭著的罪犯之一，他曾连续杀害了 17 个人，并吃掉大多数被害人的部分尸体，因此他又被叫做"密尔沃克的食人怪"，在 1992 年的时候被法院判处终生监禁，1994 年在哥伦比亚行为矫正中心，他被其他的囚犯杀死。杰夫瑞·达莫的父母都是高级知识分子，他的父亲模拟杰夫瑞的心理活动，写了让无数人动容的心情日记。（《"对不起，爸爸"是他唯一想说的话》——《南德意志报》——《Magazin》，1994 年 8 月 7 日）

② 参阅 Ph. 罗斯（Ph.Roth）的《我作为他人儿子时的生活》，慕尼黑，1988。在这本书中，他对存在与父母和孩子之间的冲突进行了十分到位的描述。

③ Th. 莱克：《拟娩和害怕被报复心理疾病的精神治愈》，刊登于《Imago 3》(1914)。

他提出的"对遭遇报复的恐惧"这种观点却成了"黑色教育学"的核心内容和理论指导基础：你们的儿子会在未来的某一天夺走你们的领导权，为了加强并保持你们的威望，你们可以并应该选择以暴制暴的手段来对付他们。如果不用这种方式，那么对孩子的管教将无从谈起。责打孩子时必须下手够狠，不能让他们感觉你只是在和他们闹着玩，严厉的责打会让孩子们明白并坚信，你才是他们的主人和神。对孩子的责打行为是不能停止的，除非他们已经对你唯命是从，不敢拒绝或逃避你对他们所做的任何行为，即使是恶意的行为。[①]

　　现在，我们很少再能听到这种言辞如此激烈观点如此偏激的言论了——但是，父母们的这种念头真的已经完全消失了吗？害怕自己的孩子随时都会夺走自己手中的权利，因为"自己的时代过去了，孩子的时代已经到来"，自己已经过气了，为此心中总是充满恨意，嫉妒自己的孩子，即使到现在，这种复杂的感情仍然困扰着父母们，依然影响着父母与孩子之间的关系。公开地表现出自己对遭遇报复的恐惧以及由此引发的暴力和惩罚手段，还是因为羞愧而将这一切都掩饰起来？关于这个问题的探讨从侧面反映了一个事实：父母与孩子之间的关系总是缺少了那一份"应有的和谐舒适"。有一件事是一个公开的秘密，就像曾经的一位人类文化学家写到的一样，"人类社会中，相邻的两代人（紧紧相邻的两代人，父母与自己的孩子）总是处于敌对状态，他们之间的关系总是那么紧张，有时他们甚至会仇视对方。而造成这种情况的原因则又和最初的情形有关，作为长辈的父母们用专制的手段对待自己的孩子，而他们专制的行为又会引起孩子对他们的仇恨。"而父母们会这样做的

_____

　　① 引自K.乌什克依的《黑色教育学，市民教育博物学的起源》，美因河畔法兰克福，1977，第170页。

原因则又可以向前追溯，团体中的老一辈（父母）成员视后辈（孩子）为未经授权就擅自闯入自己领地的入侵者，想要排挤他们，同时后辈（孩子）想替换掉老一辈（父母）的成员，将老一辈成员视为妨害自己实现雄心壮志的障碍。[①]

现在，我们经常可以从媒体上看到一些报道，报道的内容是出现在长辈与晚辈之间的充满残忍元素的、争夺激烈的战争场面。我挑选了某一个地区的地方报（这是这个地区唯一的地方报），仅仅在一天的报纸上，我就看到了下面的四则消息：

短讯

周三，两个男孩子的尸体出现在上法尔茨地区的诺伊马克特县城里。这两个男孩子应该是被自己的母亲扼住喉咙窒息而死的。第一份尸检报告证实了孩子是被扼死的说法。

母亲将孩子从飞驰的汽车中甩了出去

菲尔特（德新社）——在寻找停车位的过程中，来自菲尔特的一位年轻妈妈将自己的两个孩子从车上甩了出去，最后导致他们严重受伤。当这位年轻的妈妈注意到自己的孩子从车中飞了出去以后，她马上将车倒回，但是在倒车的过程中，汽车从两岁的那个男孩子的脚上碾了过去，开着的车门又撞到了 5 岁的那个男孩子的头部。这位妈妈也因此受到惊吓。最后三人都被送往诊所。了解情况以后，警察表示他们会以疏忽大意的名义对孩子的母亲提起诉讼。事故的起因可能是，坐在后座的某一个孩子将车门打开了，汽车在

---

① 同 P36 注②，第 177 页。

快速前进及转弯的过程中，孩子飞出了车外。而导致孩子可以打开车门的原因则是母亲忘记了开启汽车上专门为儿童设计的安全装置。

由于成绩不好而枪击老师

绿恩维勒（Lynnville）（德新社）——由于连续两年来成绩都很差，一位来自美国田纳西州绿恩维勒的 17 岁少年用一支小口径步枪杀害了自己的老师和一位年仅 16 岁的女同学。"他当天来到学校的目的就是为了杀掉自己的老师，"来自警局的工作人员米歇尔·查普曼说道，"被杀掉的那个女孩子则是他偶然遇到的同学。"这个名叫杰米·洛兹的 17 岁的少年带着枪来到学校，并将枪口指向了自己 57 岁的女老师和老师的同事。与被害老师同时中枪的是另外一位女老师，年龄为 47 岁，目前已脱离生命危险。

三分之一的美国女性都有过被虐待的经历

巴尔的摩（联合通讯社）——三分之一的美国女性都有过被家庭中男性成员虐待的经历，而这些家庭男性成员主要是自己的父亲或伴侣。约翰霍普金斯大学为巴尔的摩医药署做的一份调查研究结果显示，在被虐待的女性中有大约 50％ 的女性年龄都低于 18 岁。这项调查于 1952 年展开，目的在于了解女性在家庭中受虐待的程度和范围。受调查的对象则是巴尔的摩地区到诊所内就医的女性。在所有受访对象中，有 639 名女性表示，自己曾有过至少一次被家庭中男性成员虐待的经历。被虐女性中有一半都曾经受过骨折、烧伤烫伤、内伤或头部创伤的折磨。被虐待过的女性更容易有自杀倾向。

一份警务报告显示，四分之三的暴力行为几乎都在家庭内部上演。从这

份报告中我们还可以得到一个明确的推论：几乎没有任何一种暴力行为可以像家庭暴力一样，会被当事双方或至少一方主动否定或隐瞒。[①]

这个结论不仅适用于常见的家庭暴力犯罪，还尤其符合家庭中孩子遭受暴力的情况：警局的调查结果显示，在导致儿童死亡的犯罪案件中，44%的作案者是孩子的母亲，18%的作案者是孩子的父亲，4%的作案者是孩子的兄弟姐妹或其他亲人——在一些疑案中，作案嫌疑最大的是孩子的亲人，比例高达11%，陌生人所占的比例仅为4%（在17%的儿童凶杀案中，没有人知道作案人是谁）。通过这些数据，我们可以看出："绝大多数的儿童凶杀案都是在儿童熟悉的生活空间中发生的，在这些凶杀案中，亲人作案的嫌疑超过了75%。"[②]儿童遭受到的威胁除了凶杀案以外，还有性侵犯："与凶杀案的作案人主要是亲人不同，对儿童实施性侵害行为的绝大多数都是陌生人。那些犯罪嫌疑人埋伏在儿童游乐场、公园或者自己的汽车中，伺机作案。在所有与儿童性侵害有关的案件中，只有3%～4%的案件的作案者不是陌生人。"[③]

专业人士解释道，不管是从不断增加的暴力行为还是从越来越严重的暴力情节来看，家都成了最主要的暴力案件发生地，尤其是针对儿童的暴力犯罪行为。对此，实践家们认为：

"我们的目的不是为了总结出，我们周围存在更多的虐待事件。我们想要向大家证明的是，在我们现在生活的这个社会中，社会关系网变得越来越

　　①《斯瓦本日报》，1995年2月15日。

　　② M. 阿梅隆（M.Amelang）和 C. 克鲁格（C.Krüger）：《对孩子的虐待，敏感领域中的暴力》，达姆施塔特，1995，第30页。

　　③ H.J. 施奈德（H.J.Schneider）：《我们所不知道的犯罪行为，儿童性侵》，刊登在杂志《宇宙》上，1994年10月。

脆弱。来自慕尼黑社会服务机构总部的亚瑟·莫桑德认为，逐步恶化的经济形势、越来越高的失业率和离婚率、不断变小的居住空间，这一切不好的情况都必须要由成人们来面对，他们无法逃避。来自外部的压力让成人们产生各种负面情绪，随后他们借助各种各样的消极方式和手段将这种负面情绪发泄在比自己更弱势的群体身上，而儿童首当其冲。"[①]

　　如果父母们对自己的恐惧少一点，不要那么害怕自己会做出某些看似不合父母身份的行为，那么正视和开诚布公地谈论到孩子与父母之间的冲突也会变得容易得多；父母们坦诚地招认，自己不能也不愿"只为了孩子"而活着也不是一件那么"不合礼教"的事；父母们可以直言不讳地表达自己对孩子的不满、愤怒和失望，而不用一直尴尬地隐藏着自己的情绪。父母和孩子的利益会有所不同，有时甚至会背道而驰，这本来就是一件极其正常的事情。所以父母们应该正视自己与孩子因为兴趣利益不同而引发的一些争端和冲突，因这些争端和冲突引发的感情混乱也应该是被容许的。如果父母们做到了这一点，那么孩子与父母之间关系的改善就前进了一大步，因为父母们可以不用担心自己的负面情绪在久经压抑后，会在某一个突然的时刻毫无预警地爆发，而他们发泄的对象则是毫无自卫能力的弱势群体——自己的孩子。

　　导致父母虐待孩子的因素有很多，其中包括父母对自身角色的惧怕以及他们各种各样的"负面"情绪。但是在这些原因中，有一种因素十分明显且最为重要，那就是父母们小时候自身受到的伤害。会殴打、虐待自己孩子的父母绝大多数情况下都来自那些内部关系并不和睦的或不太正常的家庭。在这样的家庭中，孩子受到殴打、虐待等折磨，这些孩子长大以后，又会将从小耳濡目染的恶习传承下去。其实，出生于这样家庭的孩子对和睦的家庭关

---

　　① 引自一篇报道：《狼心母亲的呼救》，来自《南德意志报》，1995 年 10 月 7 日。

系特别向往，他们会尽自己最大的努力维护自己现有家庭的和谐，避免让以往的噩梦延续到现在，有时甚至都达到了苛求的地步：在他们的社会价值观中，善于交际、遵守秩序、保持和谐占有极重要的地位。然而，现实情况总是不尽如人意，他们好不容易建立维护的东西（和谐、秩序、友好氛围）总是很容易受到各种各样的冲突和干扰，为了保持已有的和谐，他们会计划用严厉的手段来捍卫自己，必要时他们会毫不犹豫地实施那些手段。早在几年前，著名的美籍精神病医师弗雷德里希·哈克（Friedrich Hacker）就曾注意到了这一现象间的相互联系：

"年幼时有过被殴打经历的父母们特别渴望家庭生活的和谐，但是当现实中他们期望的和谐落空了以后，他们会感到惊慌，不知所措。他们认为孩子们麻木不仁、残酷无情，辜负了自己对他们的信任，并因为孩子们对他们信任的辜负而痛苦不堪……通常情况下，那些所谓的最受钟爱的、被管教的最好的孩子也是最直接的受虐者。父母对孩子的期望值越高，他们会使用暴力手段对付孩子的机会和可能性也就越高。父母们在失控或愤怒的情况下，会条件反射式地对孩子施暴来发泄自己期望落空的痛苦。此时，暴力手段也就成了父母们最后的、也是唯一的手段了。"①

在一场在洛杉矶举办的关于儿童受虐的研讨会上，哈克指出：

存在于现代大都市中的家庭正面临着危机。一方面家庭成员超不能分就业，另一方面家庭成员人数不断减少，家庭规模越来越小，这一切都导致现代大都市中的家庭经不起任何干扰，即使这些干扰是必然出现的，无可避免的。家庭成员不能忍受其他成员对自己独立性的干涉，不能忍受其他成员制

---

① 弗雷德里希·哈克：《攻击性，现代社会环境中的残暴行为》，维也纳、慕尼黑、苏黎世，1971，第22页。

造的噪声以及他们的无纪律性。与渴望完全不受干扰相反的，父母们又都希望得到孩子的认同，希望孩子能够尊敬爱戴他们，而尊敬爱戴他们的起点则是孩子与父母之间那种相互的爱慕和好感。人们深信和谐是业已存在的，是天经地义的。而人们对先天责任意识的猜想正是建立在这种基础之上，他们认为家庭成员的个体利益从一开始就是可以互相协调配合的，各种各样的利益可以没有冲突、没有摩擦地共存。[1]

在这种相互的关系中最重要的一点可能是一种恐惧，父母们惧怕孩子会将自己迫切期待、渴望已久的和谐秩序打破，害怕当这种干扰真的出现的时候，自己对此无能为力，因此会生气，甚至勃然大怒。为了解释清楚，为什么事情会发展到这样的地步，我们有必要将父母与孩子的利益状况和行为动机分开来研究。

---

[1] 《Ebenda》，第 220 页。

第四章
父母：孩子带来的恐惧

　　父母们面临的境况在过去的一百五十年中发生了翻天覆地的变化。他们不能再理所当然地将孩子生下来以后就"随意丢在一旁"，而是必须"细心地抚养照料"他们——现代文明为人们提供了很多避孕方式和工具，在这种情况下，"受父母期望的孩子"占了越来越大的比例。戴安娜·艾伦赛夫特曾经这样说过：

　　"今天，想要生养一个孩子的想法绝对会被大多数人视为是非比寻常的事情，但是这种现象本身就是不正常的。很多人生养孩子的目的是为了将这个孩子当做父母实现自己无边无际想象力和自由权利的载体，孩子在生下来以后会享受到像古代帝王一样的权利。很多父母觉得怀孕是一件可以引起轰动的事件，为此他们会为了孩子的出生而举办大型的庆祝活动，就像古代为皇帝加冕一样。而父母们这样做的动机则是，孩子可以彻底改变自己原有的生活，他们期待着，去服侍'新加冕的国王'。为了隆重地迎接新生儿的到来，他们甚至铺开了红毯。孩子自出生的那一刻起，一直被当做无价的珍宝对待。在这种环境下长大的孩子，在未来将会很难调试自己，如果有一天他发现，

并不是自己所有的愿望和需求都能被满足，并不是所有的由自己表达出来的希望都能得到他人鼓励和支持。"[1]

如果有一天，现实中（父母与孩子之间的共同生活）并不像家庭顾问和家庭问题参考书中描述的那样，和自己原本的期望不一样，那么那些已经准备好要生养孩子的年轻的父母们会有什么样的反应——他们能否在糟糕的情境中理性地考虑自己应当承担的责任？他们能否释怀，自己一手培养大并亲自为其加冕的孩子立志要做一个暴君？

孩子对自己究竟意味着什么？孩子长大后会成为什么样的人？孩子在以后的生活中应该取得什么样的成就？父母总是会提前思考这些问题。但是，通常情况下，父母对孩子的评价和期望值越高，也就越容易失望，到最后事实证明他们的一切打算和计划都只能是幻想。因此，很多父母就带着害怕的心态去观察研究孩子的成长发展过程。不管他们是有意识的还是无意识的，但这却是千真万确的事实。"父母的恐惧"几乎是所有"负面"情绪产生的根源，关于这一点，父母们不必愧于承认，尽管由于各种原因，这些情绪或许会被认为是"不适合"出现在他们身上，出现在他们身上是"有失体统"的——为此，这些情绪最后会成为一种禁忌：有时他们会痛苦地发现，这种情绪明明已经出现了，但是作为一个理性的人，他不便于和任何人畅谈它。这种情况就像是面对着一个幽灵曾经在父母和孩子之间制造的冲突，看着幽灵在他们身上划下的伤口，留下的疮疤，人们却不能提起这个幽灵的名字，更不能向他施以应有的惩罚，因为他们不想将原本已稍微安静的幽灵再次从已经黯淡的、过去了的历史尘埃之中召唤回来，这种举动更会招致大家的厌恶。能不能使用通过与尚具理智的人直接探讨这个

---

① 同前言 P2 注释①，第 59 页。

问题的手段将这个幽灵从人们生活的环境中彻底地驱逐出去还是一个未知的谜。

　　读者或许都会对"父母的恐惧"这个概念感到很陌生，甚至还会觉得这种说法不合情理。如果我再接着说父母的害怕是由孩子引起的，你们或许会觉得更迷惑，对我的观点也更加不能认同了。但是这真的很荒谬吗？"我总是因为我的孩子而担惊受怕：我害怕他不能顺利地来到这个世界，害怕还是个小婴儿的他生病受苦，害怕他可能会遭受到'外面'的潜在危险的侵袭，比如车多人多的道路交通、放射性物质的污染、添加了农药杀虫剂或其他有害物质的食品、电磁辐射、室内有害气体以及其他类似的危险。"你们会反驳这种说法吗？对于孩子而言，这些有害生活环境的事物，充满了不安全的因素——但是看一下那些新生儿的出生登记吧，父母们总是感到很骄傲，抛开一切不利因素不谈他们又将一个孩子带到了这个世界上，尽管这个世界上有很多让人害怕的事物。"

　　对孩子成长发育不利的因素除了生态环境危机和自然灾害外，[①]我们现行的社会体系也是一个不可忽略的元素。人的社会属性决定了孩子们不得不生活在这个社会体系中，但是这个社会体系自身原本就藏有很多混乱的、危险的诱因：孩子在学校可能会因被苛求和学习过程中的困难，而拒绝上学；最惨的莫过于孩子沉迷于毒品甚至走上犯罪道路——类似的事情还有很多。

　　这样的情景绝不是我夸大其词，而都是有事实根据的，现实生活中的确充满了各种各样的危险。但是，我们其实有很多办法可以避免上述惨剧的出现。那就是加强父母们的责任感，更好地履行父母对孩子保护和照料的义务。

---

　　① 参阅霍尔斯特·佩特里的《环境恶化和孩子的精神发展》，斯图加特，1992。

以前没有孩子的时候，我们在购买衣物、家具、食品的时候，不会太多想这些东西对自然环境、对我们的居住环境会存在多少直接的或潜在的危险，只要我们中意就好。但是，现在我们有了孩子，我们在购买这些东西的时候应该注重其对生态环境造成的危害——这些东西是不是用来自南半球的热带雨林中的木材制成的，使用这些东西对我们的环境会造成多大的破坏，气候会因此而改变吗，诸如此类的问题还有很多——就像我们为了预防孩子遭遇危险而采取的其他的行动一样。我们阅读相关的报刊杂志，支持或用资金援助某些项目（从从事农林业的工作到风力发电事业），尝试用各种各样的方法来亲历那些真实的或者由我们想象出来的危险。

尽管我们采取了很多行动，但是始终感觉到，我们身处于一场无望的比赛中，就像兔子与乌龟的比赛一样：无论我们做过了什么，无论我们付出了多少努力，坏消息（例如急剧增加的疯牛病事故）从来都没有也不会间断。而这些负面信息会让我们感觉到，我们做的还不够，还有更多的事情需要我们去操心。橡皮糖中的凝胶究竟是怎么回事？鲜牛奶中的肠出血性大肠杆菌究竟有多危险，早餐时吃的鸡蛋中含有的沙门氏菌有多大的危害，由儿童家具中散发出来的甲醛气体究竟会对孩子造成多大的影响，含在彩色塑料玩具中的镉会对孩子带来什么样的害处……

为孩子忧心是一件再正常不过的事情，但是如果父母们的忧心过于严重，思维过程总是被这样的情绪控制，那么孩子的发展也会受到不利影响，因为父母总是将一切影响孩子发展的不利原因都归到外界环境中，而忽视了家庭内部、自己给孩子造成的伤害。同时由于受到父母的影响，孩子们会将这种担忧内化，最后变成让孩子极端痛苦的自我折磨。

对潜在的危险抱有忧患意识本是一件无可厚非的事情，但是这种忧患意识应该被保持在一定的合理范围内。并且孩子们应该培养自己独立的忧患意识，知道自己现在生活的环境中，充满不少潜在的危险——然后尽可能地去分散父母们的注意力，不要让他们一直专注于自己的能力和不足。对未来持有忧患意识是人类的特性——但是这种特性也可能成为一种精神负担，因为人们有时会将潜在的危险无限地扩大，然后将自己陷入苦思冥想的痛苦之中；父母对于后代的关爱和照顾起于"哺育天性"，通常这种"哺育天性"也是判断一个人是否是一个合格的爸爸或妈妈的决定性因素。在这种"哺育天性"的影响下，理想状况是我们会和自己的孩子以及周围的环境进行良性的互动，因为幼小的孩子是我们的"被保护者"，而周围的环境则是孩子们未来生活得以延续的地方。

不过如果我们足够诚实并且能够坚持自我批评的话，有一件事我们不会隐瞒，那就是我们关爱照料自己的孩子不光是因为我们作为人拥有善良的、高尚的"哺育天性"。在照管好孩子的这个过程中，我们始终拥有自己的私心，我们的动机没有那么单纯，我们也考虑到了自己以及自己的声誉和名望。"如果你总是一副邋里邋遢的样子，周围的人会将责任归于我的身上，认为这是我的失职。"——我们之中有谁没有听到过出自自己母亲之口的话吗？时代变了，我们以为，比起自己的父母和前辈们，我们可以活得更自在，多一些自由，少一些束缚。但事实情况却是，变化远没有我们想象的那么大。就拿我的儿子亚历山大来说吧，5 岁那年他做了一件至今仍让我记忆深刻的事情。当时是在客厅里，他大声地冲一位女士问道："你怎么做到的呀，可以长得这么肥？"这个时候，让我再保持平心静气或不动声色的态度真的很难。当一位亲密的朋友或重要的上司在你家做客时，你的孩子做出了不合时宜的举动，你真的还能对此无动于衷吗？反正我是不能，我会问自己："他现在会怎样看待我的孩子?"——有时还会想:"天哪,他现在会用什么样的眼光来看待我和我的妻子?"——作为父母,我们自然也和行为不当的孩子一样,处于他异样的眼光之下了。

这个例子应该会让大家想起一些不好的情绪,这些情绪埋伏在我们的"心灵内部",比起外界环境中的那些污染物质和有害材料带来的危险,我们更愿意将由这种坏情绪带来的危险忽视掉。有时人们甚至认为,"外界"的危险也并不是一无是处,因为"外界"的危险在必要的时候可以化解或分散人们对"内部"冲突和矛盾的注意力。在这种说法的指引下,让我们来看一下反映真相的镜子吧。呈现在这面镜子之中的并不是一幅和谐美好的画面,而是四处弥漫的危险,这些危险植根于父母与自己孩子之间的关系中,植根于父母自己的身上。有些危险出现的原因在于父母们自身的不安全感和忧患意识,他们害怕,害怕自己失败,害怕自己成为他人眼中的坏父母。他们还害怕自己不被自己的孩子喜欢,或者自己对孩子的付出,为孩子所作的牺牲和奉献得不到等值的回报。作为父母的我们一直在努力,为了孩子而放弃自己的很多利益,力求将一切都做到最好——但是孩子"回报"给我们的却是他们对我们的厌烦、不屑和反抗。这件事太不公平了,所以最后我们经常会从因孩子而忙个不停的父母们口中听到这样一句话:"我从来没有想到,事情会发展成这个样子!"

当我们问孩子在父母的精神生活中究竟扮演着什么样的角色时,此时我们最容易发现隐藏于自己心中的"内在危险潜质"。孩子对父母们的精神生活究竟有什么意义与孩子的存在以及孩子自身的行为没有必然的、明确的内在联系。"对孩子的期望"和"真实的孩子"就像是一个充满了悬念的故事的起点和终点，而错误的看法则始终贯穿着这个悬念的始终。这种错误有时候从孩子出生时就开始了，如果孩子的性别不符合父母们的期望——现实的步伐没有按照父母们的预期前进（我们一直迫切想要一个男孩子，但圣母马利亚却赐给了我们一个女孩），对父母而言，这无疑是一个冷酷无情的沉重打击。如果孩子们知道了，自己的出生是不受父母欢迎的，因为自己的性别不符合父母们的预期值（这种预期值通常是在宝宝出生很久以前就已经设想好了的），那么通常情况下，孩子们终生都会对自己的出生以及存在产生怀疑，并因此受到精神折磨。

　　但是事情远不止这么简单。下面的例子将让大家认识到更复杂的情况。主角是一位女性。长时间以来，这位女性一直遭遇感情挫折，同时又不停地更换生活伴侣。在这种情况下，她在潜意识中就将自己的儿子当做了一个活体证据，一个证明她也可以与一个男性长久地保持一段固定关系的证据。如果这种关系在未来的某一天破裂了，那么这位母亲就会使用具有惩戒效果的手段来对付自己的孩子，原本这种惩戒手段是用在缺席了的父亲的身上的，但是孩子作为父亲留下来的"遗物"，那么承受这一切的就是孩子自己了——有时事情也会朝另一个方向发展，那就是母亲会过分地关爱照料自己的孩子，这种关爱甚至达到了让人窒息的程度（你现在是我的唯一，也是我的全部）。

　　孩子对父母精神生活的象征意义有时也会成为孩子受到现实危险侵袭的根源。实际的临床治疗经验告诉我们，这个理论是千真万确的。但是，这个理论反过来就不一定正确了，能证明孩子的行为会影响到其象征意义的案例是少之又少。下面这个仅有的例子可以说明一定道理：父母为孩子安排了一个角色，但是孩子却十分明显地拒绝去扮演这种角色（因为扮演这种角色会让他感到害怕，例如母亲希望孩子去"修补"一段原本就很脆弱的关系），于是他没有听从自己母亲的指挥，而是利用频繁的哭闹和时常生病来表现自己的拒绝，他这样做的后果是母亲与孩子之间的关系将受到打击。所有的真实事例都告诉我们，我们内心的价值观——信念、传统思想、意识形态——对我们的影响，比那些外在的东西更加旷日持久和根深蒂固。

现实生活中，孩子或多或少的还会被当做他人（通常是孩子的父母）的一部分，认为孩子在某种程度上是他们躯体的"延续"——在这种观念的作用下，孩子就成了心理分析学家口中的"自我的客体"。在不知情的情况下，孩子们被自己的父母当成实现自己自私目的的工具，例如孩子成了父母们表现自我的一种手段。通过满足孩子们的需求，父母们向外界证明我是有能力成为一个好爸爸或好妈妈的。不管是将孩子当做维持即将支离破碎的家庭关系的"黏合剂"，还是将孩子当成改善有缺陷的自我价值观念的工具，孩子总是摆脱不了为父母效力的命运，不管是知情的还是不知情的，孩子总是被自己的父母利用。

曾经有过这样一件事。有一位母亲精心策划了一桩绑架案，被绑架的对象是自己年仅一岁半的儿子。将自己的孩子"绑架"以后，这位母亲卖力地用脚踢自己年幼的孩子，在这种致命的拳打脚踢下，孩子受伤十分严重。但是狠心的母亲却对受到重伤的孩子置之不理，甚至连医生都不去请。最后，这个可怜的小孩子因身体内部组织受伤过于严重而离开了这个世界——顺带提一下，这个母亲并不是唯一一个做过这种事的人，不少父母都曾有过残忍虐待自己孩子的经历。然而令人惊讶的是，孩子还活着的时候，这位狠心虐待自己孩子致死的母亲一直将孩子收拾得特别整齐，穿戴也很讲究。[①]孩子

---

① 1994 年 5 月，法院依法判处她 9 年监禁——参阅《明星周刊》，1994 年第 25 期，《被谋杀的孩子》。

是这位母亲（如果她还能被称之为母亲的话）的"展示品"吗？其实我们完全可以理解，这位母亲害怕第三个人（例如急救医生）知道事实的真相，然后借助这第三个人之口，一直被隐藏的真相将曝光在公众的眼中，那时她长期以来辛苦保守的秘密也就被公开了，所有人都会知道她不是一个好母亲，她以前所做的一切都只是伪装。在这种可怕心理的驱动下，她选择了放任自己那已受重伤的孩子自生自灭，而不是去请医生来为自己的孩子治伤。如果这场精心策划的"绑架案"一直没有被拆穿的话，那么这位母亲就是绑架案中最大的受害者之一了，而不是绑架案的作案嫌疑人。那时在众人眼中，她将依然是一位合格的、关心自己孩子的好母亲。

通过这个极端的例子，我们可以十分轻易且明确地了解到，父母对孩子的担心是什么样的，父母对孩子的担忧还可以和对自己的担忧，对自己目标、社会地位、自身形象的担忧混为一体。

年轻母亲卡琳亲历的遭遇在我们日常生活中十分常见。卡琳的母亲来拜访卡琳，这次拜访对于卡琳而言意义非凡，所以卡琳一直怀着复杂的心情期待着。但是现在，卡琳已经没有什么期望了，她不再奢望自己的女儿弗里德利克能够举止得当，然后让自己的母亲觉得外孙女十分可爱讨人喜欢。卡琳十分清楚——她从自己的童年经历中了解，再清楚不过了——弗里德利克必须怎么做才能讨得自己外祖母的欢心，弗里德利克的哪些举动会让自己的外祖母皱起眉头以表达自己的轻微不满，什么样的举动会让自己的外祖母直接公然表示不赞成……"我们那时候，孩子都……"是卡琳一直很害怕听到的一句话，母亲与女儿同时听到这句话，但反应却完全不同。

这种恐惧来自哪里？这么多年过去了，卡琳早已经放下了，也永远不愿再重新拾起这种恐惧的感觉。更重要的是：她早已经忘了，自己从来就达不到苛刻的母亲提出的要求了吗？童年时期那种挫败的感觉又在早已成年的自己的身上重现了吗？还是依然害怕失败，害怕被母亲看不起——只要母亲一个不满的睨视就足以让自己产生一种被蔑视，世界都要崩溃了的感觉吗？

自己有很大的期望，现实却总是让自己失望。但是事情的确发生了，以一种让自己不堪的方式发生了，似乎自己无论如何逃避也躲不开一样：弗雷德里克不停地哭闹，让大家不能安静地谈话，弄翻了装着果汁的杯子，偷吃了卡琳原本为自己母亲准备的小饼干（卡琳原本想让自己的女儿将小饼干端给外婆，并附上一句"这是您一直都很喜欢的肉桂小饼干……"），说话时还经常用到难听的字眼——卡琳敢肯定，这些话一定是弗雷德里克在幼儿园学到的，因为自己从来没有在她面前讲过这种话。整个下午一切都处于失控状态中，卡琳的一切期望都落了空。同时，卡琳还很确定，与自己同样失望的还有自己的母亲，和以前的每一回一样，自己又让母亲失望了。这一切都让卡琳的母亲有话可说，并且都是指责批评的话。似乎回到了小时候的光景，卡琳感觉自己又成了一个彻头彻尾的失败者。

长时间以来，卡琳和自己母亲之间的情况一直如此。如今这种情况又重现在卡琳与自己的女儿之间：这个孩子（弗雷德里克）总是让自己的母亲（卡琳）失望。卡琳还不能面对这种现实吗？还不能理解导致下午那一切发生的原因吗，或者更确切地说她还不了解导致自己与母亲关系紧张的原因吗？如果能做到的话，下午的那一场"灾难"压根就不会出现了，卡琳也不会因为自己女儿的"不听话"而责罚她了。一切以这样的方式展开以后，那个让人纠结的问题再一次出现了：下一次的情况会是什么样的呢？弗雷德里克还会继续让我丢脸吗？

对于卡琳而言，保持自己的"良好状态"并达到自己母亲的期望值是一件十分重要的事情（始终都只想做一个"讨母亲欢心的女儿"，但是卡琳自己的女儿却十分明确地拒绝这样做）。在背负着这样的心理压力的情况下，她自然会害怕和自己母亲的下次见面——害怕自己的女儿会再次让自己陷入"丢脸的境地"中，害怕自己不断地"出丑"，然后又一次而惭愧不已。在这种情况下，存在于父母与孩子之间的情况就悄悄地发生了变化：卡琳会觉得自己得到的是母亲的赞扬还是羞辱，都将取决于弗雷德里克的行为。不过这种将一切原因都推到不再"无助"的小孩身上的无意识行为同时也会让卡琳产生害怕的感觉，她害怕自己的孩子以及孩子的行为。

卡琳这样做会增加自己的心理负担，尽管可能她自己都不愿意正视，她需要自己孤身前往，通过澄清自己与母亲之间的关系来改善眼前的不利情况。但是说永远比做容易。当卡琳感觉自己又让母亲失望的时候，那么将所有的责任都推到孩子的身上无疑会减少自己的压力和负担。但是，这种推卸责任，让孩子背黑锅以挽救自己与母亲之间岌岌可危的母女关系的行为，这种短时间内可以有效解决精神压力的方法会带来一系列的不良后果，而承担这些后果的自然也是选择了这么做的父母。这些不良后果包括的将不仅仅是父母对孩子那种逐渐加深的恐惧。

父母的恐惧是一种无法用语言具体描述的感觉——通常人们只有通过现实的例子间接地去体会它。这种恐惧具有潜在的破坏力，而导致这种恐惧具有破坏力最重要的原因就是，在这种恐惧的影响下，父母对与孩子之间交流的认知以及对自我的认知都会远远地偏离事实真相。隐藏在这种恐惧之中的破坏性的表现方式之一就是，父母们在这种恐惧的影响下，会更偏向于使用暴力对待自己的孩子——就像是前面列举到的，那个一岁半小男孩的例子一

样——有时甚至将自己的孩子折磨致死。

为什么恐惧会演变成暴力，这其中的过程究竟是什么样的？首先，父母自身并没有意识到自己对孩子怀有的那种恐惧的心态——在绝大多数的家庭暴力案件中，情况都是如此，在这里，我就不再一一举例证明了。然后父母们会选择逃避。感到害怕时，选择逃避是各种动物包括人类在长达百万甚至数亿年的进化过程中形成的本能反应。当逃避行为失败后，恐惧就会继续升级最终变成惊慌失措和极度的不安。

当动物们觉得自己处于危险之中，感到害怕时，它们可以逃走。但是面对引起自己恐惧感的孩子，父母们却无路可逃，因为平日生活中父母们避免不了与孩子的见面或接触。父母们有时甚至会想，或许选择不生育子女会是一个更明智的选择，偶尔会渴望能够回到"单身时期"，他们有时甚至会有一种冲动，一种逃离当下充满压力的生活环境、抛弃一切包括自己的孩子的冲动。父母们一方面有这样冲动的、异想天开的念头，另一方面这种念头又会引起他们对自己的怀疑、顾忌以及心中的内疚。就是如此，父母们的恐惧还会继续升级。对孩子的恐惧逐渐演变成父母们对自己以及对自身行为倾向的恐惧。父母的恐惧便会导致父母开始形成"自我束缚"的性格——这种性格会将父母们带进一个死胡同里，让处于那种境况下的父母感到绝望。最后所有的一切又都导致父母们的极度恐慌：这时父母们就会抱有一些连自己都知道不可能实现的奢望，通过"自由射"（希望有奇迹发生）来改变糟得不能再糟的情况。

当父母们的恐惧以一种隐晦的方式被意识到时（这种隐晦的方式通常是在当事人都没有完全意识到的情况下），父母们会因为自己的这种感觉而感到强烈的羞愧。

　　众多心理学案例告诉我们，人的情绪，尤其是让当事人感觉不好的负面情绪，通常是交错复杂地缠绕在一起的，为了让这些情绪可以有被接受的冠冕堂皇的理由，它们有时会以另外一种面貌出现。这种理论同样也适用于那些会让当事人感觉惬意的，但是却不被社会大众所接受的情绪。有些人为了贪图一时之乐，明知道自己即将进行的行为是错误的，但他们还是会继续，并且还会为自己找一个貌似正当的理由——就像有些检察官他们想要看一些淫秽色情的图片，然后他们也真的这样做了，但是他们会为自己的行为找一个借口：这一切都是为了工作，为了深入了解这些淫秽色情出版物的危害并禁止这些东西，他们"不得不"这样做——当然，类似的情况不止这一种。毫无疑问的，羞愧是一种会让当事人感到特别不舒服的感觉。[①]这种感觉会让当事人感到无能为力，认为自己懦弱不堪，甚至绝望——有时恨不得在地上挖一个坑然后将自己埋进去，借此逃离世间所有人的视线。羞愧有时甚至可以夺走当事人赖以维持生存的精神支柱，包括当事人以往所坚持认定的自我价值观念。

　　父母的惭愧感产生原因不仅仅是父母对孩子的恐惧，还有其他一系列被视为消极的情绪，例如因孩子引起的恼怒和烦扰，以及被问到自己是否更喜欢孩子出生以前的生活时，莫名产生的难以理清的伤感：

　　"为什么人一定要生孩子呢？那些没有孩子的人可以每年出去度三次假，周末可以睡到自然醒，所有的钱都花在自己身上，而不用分出很大一部分来买孩子的衣服、食物、玩具。怎么会变成这个样子呢，整天要操心孩子的尿布、奶粉和其他的各种繁杂需求，生活中全是苦差事和烦心事。这种坦白的话，在平时大家应该都没有什么机会听到。而我们则是在一个偶然的机会中

---

　　① 同 P22 注释①。

'有幸得知'。当时有一位母亲因为多喝了几杯酒，而在意识不清的情况下向我们说了这番看起来算是抱怨的话。"[1]

次日，这位母亲清醒以后，或许会因为自己说了那番"没经大脑思考就冒出来的话"而感到惭愧不已吧……

羞愧感出现的原因有很多，比如一个人感觉到自己由于自己的身体因素而不被自己所处的团体或生活圈子接受甚至觉得自己被鄙弃，这个时候他会感到羞愧；还有些时候，一个人发现自己身上有某些品性，自己都不能接受，但却又无力改变现状，那么他也会感到羞愧。当一个人做出"不道德"的行为时，在他内心之中会有道德与私利的冲突，会考虑究竟要不要做。但是不同于做坏事时的心理，羞愧感只是一种单纯的感觉。前面例子中那位母亲，她觉得自己吃亏了、被苛求了，对自己的孩子而言她是一位"坏母亲"，她的这些复杂感觉就不是凭借简单的努力就能摆脱的。为什么这位母亲会产生这些感觉呢？弄明白了这个问题，我们也就找到了导致这位母亲感到羞愧的原因：

"当一个人感到自己已经完全堕落，却又无力改变现状的时候，他的心灵深处会产生一种名叫'羞愧'的消极情绪……当一个人没能为自己的行为负责的时候，责任心会让这个人产生一种名叫'自责'的懊悔情绪，当一个人不能为自己负责的时候，他就会产生一种与自责相对的叫做'羞愧'的感觉。充满羞愧感的人似乎也不会去寻找什么机会，做一些事来补救已经发生的事实，因为这么做也没有用，羞愧是一种十分私人的感觉，不会因为社会规范而受到影响。"[2]

---

[1] D. 施奈克（D.Schnack）和 R. 诺伊茨林（R.Neutzling）：《困境中的小英雄，寻找男子气概的少年》，兰贝克，1990，第 20 页。

[2] M.A. 福萨姆（M.A.Fossum）和 M.J. 梅森（M.J.Mason）：《谁都不许这样做，家庭中的羞耻心和自我价值观念》，慕尼黑，1992，第 25 页。

通常，我们之所以会感到羞愧，是因为我们不仅感到自己是一个失败者，被他人拒绝了，同时还发现了自己的软弱无能、周身充满了无力感，觉得自己什么都做不了，无法改变眼前的不利状况。产生羞愧感以后，他们又随即会期待"从被动到主动的转变"，①这种自己明知无望、却一意孤行的争取举动有时还的确会对事情的进展产生一定的影响，让我们再一次掌握"游戏的主导权"。在人类社会中，这是一种十分常见的、用于帮助自己摆脱不利境况的手段，因为如果一个人处于绝对的不利境况，感觉到自己已经束手无策或完全的无能为力时，他此时通常还会采用最后一招——破罐子破摔，做一些即使看起来很没有意义的事。这时，在这个人的眼中，已经没有什么代价是他付不起的：我一定要这么做，"管他会付出什么代价"！就像一个一直被忽视的孩子，为了再次引起他人的注意力，他甚至不惜不停地吵闹，做出很多在他父母眼中十分出格的、讨厌的举动一样，即使这会招致父母的反感，会让他们受到惩罚，他也甘之如饴。在《圣经》中，有这样一个故事：该隐杀死了自己的弟弟亚伯，仅仅是因为亚伯是那个受到上帝偏爱的人。该隐认为，如果自己不杀死亚伯，那么上帝将会永远拒绝自己和自己的献祭。这可能是人类史上第一件有明文记载的暴力案件，这个凸显了人类内心阴暗面的故事给我们留下了十分深刻的影响，同时让我们不得不正视：被拒绝的经历、无能为力的感觉、羞愧感具有十分严重的破坏力，并且这种破坏力的作用效果有时会大得超出我们的想象。②当然，造成这种巨大破坏力的众多原因中，

① L.乌姆瑟尔对此进行了详尽的描写：《逃离良知》，柏林和海德堡，1987。

② 参阅由提尔·巴斯蒂安和 M.希尔格（M.Hilger）共同完成的《〈创世纪〉中的羞耻观和罪责观》，刊登在《心理》上，1990 年 12 月；提尔·巴斯蒂安：《羞耻感古今对比》，刊登在《宇宙》之上，1994 年 11 月；M.希尔格：《感情的外在表现形式》，哥廷根，1996。

害怕失败也是一个不容忽视的要素。

　　恐惧的感觉和由羞愧而引发的冲突总是联系在一起的，或者可以说这两者是共生的。父母越是喜欢否定、贬低自己的孩子，孩子就越容易感到羞愧。弗兰茨·卡夫卡的作品《致父亲的一封信》——卡夫卡生前从来没有将这封信寄出——是证明这种说法的有力证据。[①]通过这本书，我们还发现，父母以前受到过的伤害与父母喜欢贬低、否定自己的孩子之间也有一定的关系：父母在自己的童年时期如果老是被自己的父母羞辱的话，在自己成为父母之后，他们也更喜欢羞辱自己的孩子。

　　恐惧总是和其他的许多感觉联系在一起的——譬如嫉妒和羞愧、生气和愤怒。恐惧是一种所谓的基本物质，这种基本物质赋予了其他的各种感觉独特的色彩和色调。不管是害怕这种单一的感觉，还是糅合了其他感觉在其中，与害怕有关的情绪首先会让人们学会"胆小怕事"，渴望"不要发生争执就好"（或者"先开口吵架的人总是理亏"和其他类似的"处世之道"）。而这些由害怕情绪引起的变化会对孩子造成不利的影响，因为孩子在成长的过程中总会遇到一些障碍（绊脚石、弯道、峭壁和摩擦面等一类事物），而只有拿出勇气他们才能战胜或克服这些障碍，胆小怕事是不行的。

　　在我们讨论父母的恐惧会带来什么样的后果之前，我们应该先思索一下导致父母产生恐惧感的原因、父母们恐惧的表现形式以及因性别差异而导致的父亲的恐惧和母亲的恐惧的不同。

---

　　① 弗兰茨·卡夫卡：《致父亲的一封信》收录于《卡夫卡作品集全七卷》，美因河畔法兰克福，1983，第七卷，第119页及随后几页。

导致父母产生恐惧感的原因以及父母恐惧的表现形式

已为人父母的人，他（她）的自我意识越强，他（她）就越不需要用各种各样的方式来减轻自己所谓的"罪责"，也越不需要用孩子的存在和孩子的行为来保持或增加自己的声誉和威望。

但是，现实生活中父母还要面临多重、更大的挑战，这种挑战会从根基上动摇父母与孩子之间，那种由父母臆想出来的和谐的、没有冲突的关系。在这些挑战中，小孩子尤其是特别小的孩子，他们的本能、"非理性"、无法控制性是父母们最常遭遇到的。以前，家庭规模都很大，家庭中的成员也很多，来自这种家庭的孩子从小就知道该怎么与比自己小的孩子相处。现在，很多父母自己都是家中的独生子女，并且在他们那一代人中，上过托儿所或幼儿园的人也很少，所以在成为父母之前，他们很少有或几乎完全没有和小孩子接触的经历，与小孩子相处的实战经验更是少之又少。孩子出生之前，即将为人父母的夫妇采用临时抱佛脚的方式去报名参加产前培训班，阅读儿童教育方面的书籍，或者向儿童教育顾问咨询相关的知识，当孩子来到了这个世界时，男人和女人的父母生涯就紧锣密鼓地开始了。对于还未完全做好准备的父母而言，孩子就是一团突然出现的肉和骨头的混合物，只不过这团混合物是有生命的、难以控制的，且他的到来打破了父母们原本有秩序的、规划好了的、一切处于控制之中的生活——一个不超过四公斤重的"没有理智的尚未开化的物种"降落在了文明的园圃和父母们的日常生活范围中。皮特·施奈德在自己的小说《交配》中对这种情况进行过如下描写：

"面对成年人时，你可以推辞甚至拒绝他们的每一个要求，必要时还可以撒谎说自己生病了，而不去按照他们的意思行事。但是当你面对一个小宝宝的时候，这一切伎俩都将没有任何用武之地。孩子的出现就像一次地震、一次让人惊叹的却又极具破坏力的飓风，且在到来之前没有任何预警。孩子这种生物的存在，有些比喻句我现在都不好意思再用了，因为我认为那些比喻说法太不恰当了：'睡得像一个小宝宝一样祥和。'——真是太可笑了，只有从来没有养育过孩子的人才会这样说吧……"[1]

小孩子身上有一种尚未被驯服的本能和狂热急躁，在这种狂热急躁性格的作用下，他们要求自己的各种需要必须在第一时间内被满足，不考虑时间和地点。就像要喝牛奶的时候，他们不会考虑滚烫的奶瓶需要先被冷却。几个月以后，即使在严冬，他们也执意要赤脚走到屋子外的空地上玩耍，不会考虑自己的双脚是否会被冻伤，自己的行为是否合宜；父母们总是习惯将一切都规划好，万事考虑周详，让生活有计划有步骤地进行。做事之前总是斟酌再三、顾忌到各方面的利益，让一切都处于自己的掌控之中。孩子们却总是说风就是雨，这种完全不同的行事风格导致孩子的生活节奏与父母的生活节奏完全不同步。

"其实我自己也不知道，我究竟想要什么，想要做什么。"——孩子很少会坦诚地承认自己的这种想法，但是大人们，尤其是孩子的父母们经常能够了解到孩子的这种心理。孩子们的这种生活方式让大人们感到嫉妒，因为孩子们可以不管不顾地提出任何要求，只要自己高兴就好，即使他们的要求会让父母生气甚至愤怒。孩子们在随心所欲地表达自己的需求时，他们才不会考虑到自己的妈妈是否已经累得筋疲力尽，自己的爸爸是否正忍受着头疼的

---

[1] 皮特·施奈德：《交配》，兰贝克，1994，第327页。

折磨，或者得了流感，又或者两种病痛同时侵袭着他。

　　遇到这种情况时，成人们总是会找出一些合理化的理由，例如"孩子还是第一次这样！"或者"很早以前就预料到会是这样的情况了，所以没什么好担心的，一切都在预料之中"来进行自我安慰。用这种容易想到且容易让人接受的理由来安慰早已被孩子折磨得痛苦不堪的父母们，就像是在饥荒时期，用上面列着丰富菜肴的菜单安慰饥饿的人们一样（弗洛伊德的名句），基本上都属于画饼充饥。孩子们用自己的方式向周围的世界展示了什么是可行的：他永远不会停止自己的不合理要求，不会关心来自成人们的责备或规劝，即使成人们是作为理性的化身而存在，他们的责备和规劝也是合理的——自己的需求必须在第一时间内被满足，此时此地，时间稍晚一秒，地点稍错一点，都是不允许的，永远没有任何顾忌和犹疑。如若不然，他就开始大哭大闹，用自己的个性挑战父母们的耐性，直到父母们投降为止。

　　其实我们每个人都曾经做过这样的事——只不过我们因为难为情而不愿回忆起这段时光，或者因为时间太久远，而实在想不起这段时光罢了。稍微长大一点后，父母、老师和其他对孩子而言具有威慑力的人物会对我们进行教育，如果我们不听话，再做出"没教养、不听话的举动"，他们将惩罚我们。孩子们最终会让步，向大人们妥协，尽力去适应那些来自成人们的束缚，但他们这样做的原因并不仅仅是因为他们害怕来自成人们的惩罚，更重要的一点是，孩子们害怕，自己如果仍不听话继续随心所欲的话，将会不被喜欢，再也得不到来自大人们的关注和赞扬了。但是孩子们的妥协和让步并不代表他们将一直被自己的理性和大人们的要求束缚，他们偶尔还是会偷偷地"放纵一下自己"，享受一下"非理性"带来的那种极致的快乐（比如他们会在聚餐活动上开怀畅饮，暂时将理性丢在一旁，会在由歌友们举办的狂欢活动中纵情欢笑；然而这一切都是在大人们不知情的情况下进行的）。美好时光总是短暂的，"在圣灰星期三（圣灰星期三是个基督教节日，日期并不固定，通常在复活节前 46 天。圣灰星期三得名的原因是人们庆祝这个节日的方法。在这一天，信仰基督教的人们会把骨灰洒在额头或衣服上，以示忏悔。文中使用"圣灰星期三"这个词是因为孩子背着大人们做了错误的事情，他们也知道自己的行为不对，但依然放纵着自己，等到圣灰星期三这一天，他们再忏悔。——译者注）这一天，一切都将成为过去"。对于已经成为父母的人群而言，他们曾经花了很长一段时间，费了很大力气才说服自己去遵守这个社会中的各种行为准则和规范，并最终将这些行为准则和规范深植于自己的心中。如果孩子们公开地去挑战这些准则和规范的话，有些准则和规范的地位将受到冲击，而这种冲击会引起成人父母们的怒火以及恐惧。从某种层面上来讲，孩子就是那些不遵守游戏规则的人，他们不认同现代文明社会中已有的行事准则，并且还在我们心中撒下怀疑的种子，自己一直坚持和遵守的究竟是否正确，到底有没有意义。面临这种情况，很多父母在潜意识中就将它们当做了一种由孩子发起来的挑战，挑战的对象就是作为父母的自己，他们会选择用具有威慑性的手段来回应自己的孩子，同时再一次巩固自己以往所坚持的信念和地位，先让自己不被动摇。

　　在与孩子交锋的过程中，我们或许还会收获一些其他的感悟：当孩子提出愿望而作为父母的我们立刻满足孩子的所有要求，会带来什么样的后果。当孩子的情绪过于激动时——主要是消极的情绪，例如生气、愤怒、嫉妒、羞愧，当然有时也会有积极的情绪，例如愉悦、兴奋——我们应该如何做。和孩子一起逛超市时，我们什么样的回应会让小孩子更加愤怒，会让他们因为愤怒而开始歇斯底里地尖叫，有时甚至会失去知觉，以至于超市中所有人的注意力都被吸引到我们身上，自己也因此而尴尬无比？如何才能让那些正值学龄的孩子们知道，面对他们那些无意义的咯咯笑或哈哈大笑，旁人不会说什么坏话，但也不会有什么好评？

孩子们的很多举动都令大人们摸不着头脑，不知道他们究竟想要表达什么意思。因此父母们会去查阅相关的儿童教育或心理书刊，向周围那些曾经有过育儿经验的亲朋好友请教经验。但人是这个世界上最复杂的动物，即使小孩子也不例外，很多貌似很高明或的确十分高明的建议在面对孩子的捉摸不透时，都变的不那么有效了。在某些紧要关头，甚至完全没有任何作用。

以前，很多事情在我们眼中都是理所当然的，很多事情都貌似有理的——我们越是这样想，会引发我们深思的事情也就越少。只有来自他人的当头一棒，我们才能重新认真思考很多事情，就像前面提到的那些让人闹心的问题，会让我们对以往的认知产生疑问，如同茫茫暗夜中的一道闪电，眼前的迷雾才能在瞬间被照亮。最初面对这种情况，我们能拥有的情绪肯定是烦恼和莫名的愤愤不平；如果我们够诚实的话，有时我们还可以模糊地了解到，隐藏在自己内心深处，因为父母长期的管教而被我们压抑，但却从来没有完全从我们身上消失的一些潜质。每个人身上都有狂热、急躁、不思进取、激情泛滥、破坏欲等不好的性格或爱好，但是作为父母，我们一直将这些负面的心理很好地压抑下来了，如今孩子活灵活现地又将这些性格演绎了出来——很多父母会倾向于认为，自己必须使用严酷的手段将孩子身上的这些"野性"镇压下来，就像以前自己的父母制伏自己一样。为此，父母们开始了对孩子的"管教课程"，尽管父母们的意图是好的，是为了让孩子有更好的发展，但是他们通常对自己的目标并没有一个明确的定位（父母们最常见的一种想法是"反正对我们也没有什么坏处"）。不过只有当孩子那种难以管束的野性让父母感到生气、愤怒甚至是恐惧时，上述的那种父母们的"连锁反应"才会出现。不过如果这种手段有用的话，我们也不会老是听到父母们在说："如果……我们该怎么办？"

导致父母们产生恐惧感的另外一个原因是，父母很多时候并不能很好地理解自己的孩子究竟想要表达什么。我们知道，再乖的小孩子都会哭闹。只要不是一个铁石心肠的人，他在听到一个小孩子哭闹的时候，不管是号啕大哭还是小声啜泣，他都会感到难受或心疼；小孩子的这种哭闹让大人们尤其是孩子的父母不得不去注意并尽量满足孩子的需求——这也是绝大多数小孩子哭闹的目的。但是有时父母们不得不对自己的孩子感到抱歉，对于孩子的要求，并不是父母愿意，这些要求就能被满足的，因为父母们也有力不能及的时候。"宝宝究竟在想什么？""宝宝可能需要什么——现在又想要什么了，刚才才喂过他（给他换过尿布、抱过他、逗他玩了一会儿）呀？"——"我饿了！""我疼！""我的尿布又湿了！""我很无聊。需要有个人来陪我玩！""我很害怕，快点来陪我！"宝宝是想表达这样的意思吗，还是他的意思完全与此无关？并不是每一次宝宝在哭闹的时候，父母都能毫无疑问地找出原因，并作出相应的反应让孩子停止哭泣，因为很多时候，即使是孩子自己都不知道自己为什么要哭闹。孩子原本就这样——很多对孩子的哭闹实在没有头绪的父母们只能这样想了——没有任何理由也会选择哭泣。光是孩子有事没事就爱哭闹这一点就已经把父母们折磨得筋疲力尽了，但是现实的残酷远不止如此，还有更多的难题在等待着父母们：很多父母，尤其是孩子的母亲，不仅可以从孩子的哭声中听出孩子想要表达的具体信息："请给我这个或者为我做那件事（牛奶、换尿布、加衣服、陪我玩、抱着我摇一摇或者其他类似的事情）！"还能听出孩子借助哭声想要表达的对父母的警告和责备："你刚才给我弄的喝的不够！""为什么你刚才要打我？""为什么你在我身上花的时间总是这么少？"——类似的警告和疑问总是伴随着孩子的哭声表达出来。

有些人在自己年幼的时候没有得到足够的来自父母的关注和理解，等他们自己成为父母之后，就会对自己提出更高的要求，尽自己最大的努力，将孩子的一切都打点好，让自己的孩子比当初的自己幸福。年幼时自己那种没有被满足的——现在更不可能也没有机会被满足的——对被关爱照料的极度渴望、对得到关注的渴望、对来自母亲眼中慈爱光辉的渴望，自己现在可以毫无保留地把它们给予自己的孩子，自己将用最温柔慈爱的母性来对待自己的孩子；但是母亲的这种愿望往往以苦涩的失望结尾，而这也不是什么太令人惊异的事。

有些母亲会对自己的孩子怀有犯罪感，原因可能是因为她们去工作了（不管是迫于环境而必须去或者是出于自愿要去）。这样的母亲会更倾向于将来自孩子的要求当做是他们对自己的指责。一旦母亲将小婴儿的不满当做了对自己的指责，认为孩子之所以会指责自己是因为自己的能力不够，那么母亲就会产生恐惧感——因为没有人愿意自己老是处于绝望无助的状态，也没有人喜欢老是带着罪责感去过日子。这些感觉对健康幸福的生活都是不利的，会对人造成沉重的压力。感觉孩子的每一声哭泣都是他对自己的指责，母亲被自己的自责深深地折磨，于是这样的母亲总是会想办法在第一时间内让孩子停止哭泣，最常用的方法就是给孩子喂奶，或者递给孩子一个奶瓶，即使有时孩子哭泣的原因并不是因为他饿了。这种方法虽然老套，但是却明显有一定的效果，孩子在进食的过程中，母亲可以暂时享受一下安宁的时光。

还有一种情况：父母们相信，自己终究会弄明白宝宝之所以会哭闹的原因，但事实却是小孩子喜欢哭闹，尤其是没有任何理由地哭闹，所以父母们的这种认识是错误的。持有这种认知的父母在孩子哭闹的时候会抱着孩子四处转一转，找些有趣的事情来分散孩子的注意力，或亲昵地抚摸他或者用其他各种各样能让孩子停止哭闹的方式来对待他，即使父母们自己都不知道导致孩子感到不愉快进而哭闹的真正原因。他们一方面承受着孩子哭闹的压力，这种压力随着孩子哭闹的时间越长而变得越大，另一方面，还要冥思苦想，孩子究竟是怎么了：他是胃胀不舒服吗，是刚出的小牙齿让他难受，还是……父母们很快就会明白，前面提到的原因肯定有一些是正确的，尽管现在"我也不知道究竟是什么原因让他哭闹"。接下来会是什么情况呢？父母会为孩子滴几滴药剂，这种药剂专门治疗儿童胃胀；或者将食物磨得很碎以后才喂进小宝宝的嘴里，以免让本就受出牙过程折磨的宝宝变得更加难受；又或者滴几滴芳香精油到精油灯中，让宝宝闻一下可以改善心情的甜美空气——父母们在这样做的时候，其实是抱着这样一种心理的，我做了这么多事情，总有一种会有效的，至于结果就拭目以待吧。①大多数的父母都承认，自己其实根本很少能够清楚地知道，让宝宝哭闹的原因究竟是什么。他们尝试着用各

---

① 天主教神学家拉克坦提斯（Lactantius，原名路休斯·凯吉利乌斯·弗米安努斯 Lucius Caecilius Firmianus，250—317 年）曾经被罗马皇帝迪奥克莱提安（Diokletian，历史上最凶残的基督教徒迫害者）邀请到尼克梅地亚（Nikomedia，罗马帝国的一个古城，曾经被作为罗马帝国的首都，大概位于现在土耳其境内的伊兹米特城这一地区），担任自己的雄辩术老师。由于拉克坦提斯后来改变了自己的宗教信仰，所以被迫离开了罗马，并在后半生中一直过着极度贫困的生活。但是即使是在这种环境下，他还是坚持完成了自己的著作《神圣组织》（《Institutiones dixinae》，在中国境内，有将其译为《圣神制度》或《圣神原理》的各种不同译本）。在这本书中，他打了一个比方：有些人之所以会制造器具，并不是为了向他人证明，他做了什么事情，而是为了备不时之需。拉丁成语"ut aliquid fieri videatur"或者其简化形式"ut aliqiud fiat"（中文意思为"拭目以待"）就起源于此，并成为后世人们最爱使用的成语之一。拉克坦提斯想要论证的观点是：我们做了众多的事情，总有一两样是被需要的，会在一定程度上改变现状。

种各样的方式来制止宝宝的哭闹，不过是他们在黑暗中摸索的一个过程。但是在这种摸索过程中，他们常常会产生一种"无力感"。当孩子哭闹持续的时间越长、声音越尖锐，这种"无力感"也就越强，也越难以让人忍受。

有时父母们会经常有一种复杂的感觉——"我已经无能为力了，事情的'掌控权'完全不在我这一边，即使我已经尽最大的努力来应对孩子制造的各种状况。"

不得不正视自己束手无策、无能为力以及自己的弱势是一件让人感到相当不舒服的事情。我们尝试一切可行的或不可行的方法来避免这种经历。我们十分害怕——当我们无法避免让自己面对这种情况时，我们的害怕会继续升级，有时甚至会变成终日的惶惶不安。我们对这种感觉其实很熟悉，因为在我们刚来到这个世界的时候，我们也有许多权利，但却无法使用，我们需要依赖他人，自己对所有的事情都束手无策。如果我们能清晰地回忆起当初自己的状况，那么在各种各样的心理感觉之中，最明显的也应该是自己对周围人、对父母的那种依赖性吧。

丹尼尔·斯特恩（Daniel Stern），现今最著名的婴幼儿研究专家之一，曾经做过这样一个实验，使用一切对他而言可以使用的手段去体验一个婴儿的心理活动——这个婴儿的名字叫做乔伊——然后再用语言将这个婴儿的心理活动表述出来。当感到饥饿的时候，乔伊有什么样的心理活动，生理状况又是什么样的，他会用什么样的方式向大人们表达自己的需求呢？丹尼尔·斯特恩对此进行了如下的描述：

"开始的时候，乔伊的饥饿感并不是很强烈，但是这种饥饿感会在短时间内快速地膨胀。因为最开始这种饥饿的感觉并不明显，也不直接，所以乔伊只把它当做一种常见的神经过敏现象，这种神经过敏现象会导致情绪上的不稳定。随后这种情绪上的不稳定开始蔓延，影响到乔伊肢体的运动、呼吸、注意力、心情、兴奋度、知觉以及其他更多的方面。这种'全方位'的干扰会导致乔伊身体系统失去正常状态下的和谐，就乔伊的感觉而言，就像有什么东西'一直在与自己发生摩擦一样'。所有的气氛在瞬间被改变，就像是暴风雨来临前，闪电划过天空的速度那么快。周围的一切变得越来越混乱，饥饿感也越来越强烈，这时乔伊会感觉到周围的一切似乎都在与自己作对，自己越来越不舒服。当乔伊的注意力开始完全集中到自己身上即自己的感觉上时，外部世界的一切就开始逐渐变得残缺不全了。正常状态下，在他眼中是连续完整的事物，现在都变得支离破碎，就像一段经过特殊剪辑的视频，有些画面被从原本的位置剪掉，然后又在另一个错误的时间或错误的地点出现。这种十分混乱的感觉让乔伊浑身难受，他随后会用自己的肢体动作将这种不舒适表现出来：他开始不停地胡乱挥舞自己的手和脚，希望能将包围着自己的那种混乱氛围驱赶开来……"[①]

斯特恩在书中还写道，当孩子的"饥饿风暴"和由此引发的哭声持续了五分钟以后，母亲还没有到达的话，情况会是什么样的。当孩子感到饥饿并开始哭闹了一段时间后，如果母亲还没有出现在自己的身边——这是如此迫切的一件事——还没有将自己抱在怀中，给自己喂奶，沮丧的孩子很可能会产生这样一种感觉，自己会被一直饿下去。这种无助的感觉随之又会引发孩子对于生存及毁灭的恐惧——孩子并不"知道"，在知道他们因为饥饿而开始哭闹时，正常情况下父母们大体上都会尽快给孩子准备吃的或直接喂他。

孩子那种无能为力的感觉会让父母想起自己小时候的遭遇，自己当时面临那种无能为力的感觉时的恐惧。每一个人在极其年幼的时候，都曾经有过

---

① D. 斯特恩（D.Stern）：《一个婴儿的日记》，慕尼黑，1991，第40页。

这种经历。即使成年以后，每当我们感到无助时，小时候的那种记忆和感觉也会浮现在我们的脑海中，同时还会引发——有时候很强烈，有时候稍微弱一点——我们"对自己能力不够而产生的愤怒"。

我们有很多种方法可以用来对付这种纷乱的状况——不管让我们产生无助感的是我们强大的上司与他的专横独断还是我们刚出生不久的宝宝与他那让我们手足无措的几乎是我们感到绝望的震天哭闹（偶尔或者一直如此）——我们可以尝试一下逃离这种境况。就拿一位母亲作为例子吧，每当她的宝宝不停地哭闹，而她实在忍受不了的时候，她就会去浴室冲凉，将宝宝那种绝不重复的不断变化的"演奏"隔绝在自己的听觉之外。"听不到，感觉不到"，一切轻松多了。或者还有另一种方法，我相信所有的家长都曾经用过这种方法：这种方法会让父母从孩子的哭闹中解脱出来，几乎可以说成是父母们的救星，那就是当孩子不停地哭闹，让父母感到极度疲乏，再也静不下心来做任何事情的时候，如果条件允许，父母可以去睡一觉。

好奇心、玩乐的积极性、冒险的欲望几乎是每个孩子的天性，这些天性对孩子的发展都是很有利的，但是很多父母却没有正确认识到这些天性对孩子的好处和重要性以及价值所在，因此父母们更不会使用自己的能力和各种机会去支持孩子培养这些天性。很多父母在自己小的时候就是这样被自己的父母对待的，所以在他们自己成为父母之后，他们就只能在有限的范围内去注重孩子的这些天性，更不可能有足够的具有指导意义的经验去培养孩子的这些天性；许多父母小时候都不敢表达自己对父母的不满，更不敢反抗父母或对父母做出具有攻击性的行为，因为他们害怕自己的这些行为会导致自己失去来自父母的爱。许多父母都不能忍受，自己的孩子对他们说："我恨你！""你真让我恶心！""真想一脚把你踹到月球上！"或者与之类似的对他们表示厌恶的话。其实说这些话也是孩子形成独立人格和思想过程中的必经之路，孩子会拥有这些憎恶的感觉、会拥有想要毁灭某物的欲望都是正常的。如果父母能允许孩子及时真实地表达出这些想法和愿望，那对孩子再好不过了，因为这样一来，孩子从小就能正视自己的各种心理活动，而不用苦苦地压抑他的负面情绪。但是很多父母却不给孩子这样的机会，当他们听到孩子说出上面的那些话以后，他们会用责备或失望的语气对孩子说："你以后如果再说这样的话，你就是一个坏孩子了，我将不会再爱你了。"父母这样做的后果就是：孩子开始了解，只有自己表现得很讨人喜欢以后，大人们才会喜欢、疼爱自己。为了得到大人们的疼爱，小孩子开始伪装自己，即使对大人们不满，他们也不会再将这种不满诚实地表达出来。

童年时期有过这样经历的父母在自己成为父母以后，通常会持有一种宿命论的观点，有时甚至完全是"献祭的态度"（这种行为通常是十分浅显的，十分容易被看出来）："作为人类的我们其实什么也做不了"或者"就这样吧"。同时在他们内心的深处，在盛放灵魂的杂物间中，烦闷和反抗愿望的种子在那里开始萌芽。原本有些不满是针对别人的，但是由于当事人选择了忍耐，所以这种不满没有机会对他人发作了。最后，这种逐渐积聚的、被刻意隐藏的愤怒在达到了一定的限度以后就会突然爆发，并且针对的对象还变成了自己（我也不知道为什么我总是这么愚蠢）。与此同时，很多人还会因为自己隐藏了自己的愤怒而产生负罪感，因为他们相信，他们根本不应该有这种感觉，这种感觉的出现是他们失败的证明。通常，这样的人很难正确地估计出自己的愤怒以及长时间以来积攒起来的攻击性究竟有多大——它现在是像一只"会咬人的小狗一样"还是根本就已经成为了"一头饥饿的雄狮"，潜伏在我心灵深处的角落中，时刻准备着出来伤人？

父母们总是将自己的不满和愤怒隐忍不发，同时这样的做法又使他们逐渐形成一种宿命的被动的人生态度（没有任何目标）。但是当孩子做出不合父母愿望和预期的行为时，尤其是这种行为又让父母感觉到自己的无能和软弱时，沉睡在父母们心中的愤怒会在突然之间被唤醒。很长时间以来，父母都感到很疲劳、被苛求、很烦躁：孩子身体不好，睡眠一直很差——自己也是。随后父母和孩子开始相互指责，最后甚至变成针锋相对 ——当这种状况激烈到一定程度后，父母就会和孩子算总账了，而孩子此时也就需要为父母以往集聚的所有的愤怒埋单了。接下来会发生什么？根据每一个父母性格的不同，他们选择的爆发方式也不相同，有的可能会对孩子的心灵进行折磨和摧残，有的则可能会对孩子施以体罚，更确切地说也就是虐待孩子。

父母为什么要使用这种具有伤害性的行为来对待自己的孩子呢？他们这样做的动机之一是他们想要尝试，自己能否借助这种行为来摆脱那种因为孩子而产生的无能为力的感觉，他们想要将那种被动的痛苦折磨转化成主动的对他人的伤害。在这种"主动的对他人的伤害行动"中，父母们不仅会用暴力手段对孩子施以肉体上的伤害，还会使用冷暴力伤害孩子的精神：冷嘲热讽和恶意的贬低轻视就是典型的"冷暴力武器"，这种冷暴力的刀剑没有刀刃但却比真实的刀剑还要锋利，它们对孩子造成的伤害有时比直接殴打孩子造成的后果还要严重。

在这种环境下长大的孩子，稍微大一点后通常会学会一种小伎俩，他们提前将一个玩具藏起来，然后再当着所有小朋友的面将这个玩具找出来。而他们之所以能够学会这种伎俩，是因为很多东西都会在他们的视界范围内突然消失，然后又莫名其妙地出现，在这些莫名消失又莫名出现的事物中还包括自己的妈妈，即使小孩子根本就不明白这是为什么，对小孩子也不能造成

什么影响，小孩子也不可能为此做出什么改变。小孩子在玩弄这个伎俩的过程中，失去玩具的"烦恼"可以很快地转化成愉悦："我可以将已经丢失的东西再变回来，我拥有强大的魔法！"[①]即使成年以后，他还是会经常使用这种"小伎俩"。从这件简单的事例中，我们可以得知一个清晰的事实，有些孩子、青少年甚至成人，他们之所以会做出一些具有攻击性的行为来引起他人的注意，是因为他们在小的时候有过身体或者精神上，更甚者是双重伤害都有的经历。[②]

有些父母因为自己曾经的不愉快经历而特别不能忍受自己再产生无望或者无助的感觉。与正常状况下的父母相比，这一类型的父母在与自家的小孩子相处的过程中，他们强迫自己在更短的时间内变得更积极，掌控欲也更强。应该说：他们认为这种行为十分必要，即使现实生活情况并没有需要他们这么做。这种过分积极的行为会阻碍孩子的发展机会。孩子成长的过程中，最初我们可以在一段较短的时间内，放任一个尚爱哭泣的小孩子按照自己的行为方式做出与自己年龄相符的事情，等他稍微大一点以后，再逐步培养他自我调节的能力。借助这种方式，他可以学会控制自己愤怒或不满的情绪，并利用自己的力量寻找出合适的解决问题的方法。但是在那些积极地过了头的父母们的眼中，像刚才所说的那样放任孩子的自由发展——到最后完全信任孩子的能力——根本就是无稽之谈，只会为父母教育孩子带来更多的烦恼。他们觉得这种观点是错误的，应该马上被摒弃，至少也应该得到纠正。他们觉得孩子时时刻刻不能离开自己，当孩子遇到了难题时，自己应该在第一时间为孩子解决或及时找出补救的措施，在这种观念的推动下，他们成为了名

① 参阅西格蒙德·弗洛伊德的《超越快乐原则》(1920)，弗洛伊德作品集13卷。

② 参阅由E. 海涅曼 (E.Heinemann)、U. 劳赫弗莱士 (U.Rauchfleisch) 和T. 格鲁特纳 (T.Gruttner) 共同完成的《残暴的孩子》，美因河畔法兰克福，1990。

副其实的"行动主义者"，他们的被需要性得到了极大地提升，他们的孩子再也不能离开他们。这时，父母们会产生一种感觉，自己十分重要，自己对孩子而言是无可替代的。这种感觉可以改变以往的状况，父母们可以不用一直承受以往常常出现的那种无力感，就算不能完全消灭，至少也可以加以掩饰。这样的做法让父母们心安了，但是对孩子们而言公平吗？有一件事是十分确定的，那就是这种做法对于孩子是弊远远地大于利的，因为这种做法导致的最直接的后果就是——"如果只有我一个人的话，我觉得我什么都做不好，我需要有一个人一直陪在我身边，在必要的时候提醒帮助我"——就像是接力赛中的那根接力棒一样，如果父母们不及时改正自己的做法，这种不良后果将在我们的后代之间，一代一代地传下去。

父母们的恐惧究竟可以分为哪些类型？在这里，我将各种类型总结归纳一下（并不是特别完整）：

·因孩子身上（和自身）的本能而产生的恐惧。从某种程度上来讲，年幼的孩子都可以算是那种"完全顺从自己内心欲望的物种"，只不过这种物种被赋予人性了。现实生活中的原则、自律，自己生存过程中需要面临的繁杂事务、对时间和空间界限的认知——这一切在小孩子那种恣意随心的生活中都是没有任何意义的，他们也不会为此耗费任何心神。从孩子身上，父母仿佛又看到了自己放弃已久的那种动物的本性，而这种放弃的前提条件是他们接受了文明的教化，作为成人的他们学会了自我控制和自律，这种放弃更是成为合格父母的必备条件；父母们能够意识到自己的本性，并努力克制着，但是他们的心中始终存在着一种恐惧，害怕这种动物的本性突然在哪一天冲破了文明的藩篱，再也无法控制，自己从而成为一个只为自己考虑的自私自

利的人。

·因不能完全掌控孩子而产生的恐惧。孩子总是在挑战我们的底线，总是会做出一些出乎我们意料的事情（孩子总是不知道适可而止）。倘若我们生活在一个由技术专家治理国事的时代中，一切行动开始之前都要做一番可行性预测的话，那么孩子的存在无疑是对这种制度的最大讽刺和挑衅，是的，因为无论我们提前做了多少预测，孩子总能带来超出我们预测范围的结果。孩子除了偶尔会让我们产生激动的情绪（不管是兴奋还是恼怒的情绪）以外，还会为我们带来恐惧。对于孩子这种既柔弱无助的让我们怜惜，同时又固执、冥顽不灵的小东西，父母们总是抱着很复杂的感情。

·害怕自己的所有教养不起作用。一个孩子的出生意味着这个孩子从母体之中脱离出来并进入一个完全不同的环境中。对于这样的一个孩子，我们并没有很多的了解，我们不知道他究竟会有什么样的性格，更不可能准确预测他未来会有什么样的发展。尽管社会上的每一个机构和团体组织都会通过各种手段和方法，尽力让生活在这个社会上的孩子走上"合乎人类发展模式"的道路，但是这种努力究竟会带来什么样的成果，孩子的发展会符合大家的期望吗？对于这个问题，没有人能够立刻给出一个明确的肯定的答复。我们的孩子长大后会走上违法犯罪的道路吗，他将来的人缘会很好吗，还是他会成为一个孤僻的让人难以亲近的家伙？对于这个社会和所有的父母而言，每一个孩子都是一笔风险投资——即使有人愿意冒这个险去投资，他的心中也始终还是存在着恐惧的。

以上提到的所有的这些父母们的恐惧是没有性别之差的，即不管是父亲还是母亲，他们都会拥有这样的恐惧。还有一些父母的恐惧是有性别特色的，有些恐惧是专门针对母亲的，另一些则是专门针对父亲的。这些恐惧究竟有哪些呢？接下来的几段文字将为您解答这个问题。

有性别特色的父母们的恐惧

对于一对夫妇而言，他们从没有孩子到有孩子这个过程之间的转变，绝不是一件简单的事情。很多专门研究家庭、社会等问题的专家曾针对一个问题发生了激烈的争论，这个问题就是生育孩子对人类而言究竟算不算得上是一种"冒险"。①人们比较倾向于认同这样一种观点，人们一旦选择了生育了孩子并最终执行了这个计划，毫无疑问地成为父母的人群就需要转变自己的身份，要对自己重新定义，生活方式也要随之发生改变——通常是从甜蜜的夫妻二人世界变成三口之家共同过日子。成为父母以后，原本的夫妇也面临着更多的要求，他们的职责和任务也随之增加，同时出现的还有"风险"。这里所指的"风险"保留了其最原始的意思（在古希腊语中，"风险"一词的意义等值于"转变"），一方面有不利的因素，如危机，另一方面还有有利的一面，比如更多发展的机遇。年轻的夫妇要开始接手一个新角色，也就意味着他们要放弃以前的旧角色——告别甜蜜的二人世界无疑是一件痛苦的事情。在即将成为父母之际，很多人会想起自己的童年，甚至有了自己的童年再一次重现的感觉——这应该算是一种十分矛盾的事情吧，但事实就是如此。

年轻的夫妇不仅要和过去告别，有的还要和自己人生中许多还没有经历过的各种发展机遇告别，比如更多的事业发展机会。与此同时，年轻的父母要接触的东西也与原来有所不同了，他们需要学习各种各样的经验和

---

① 参看 D. 高达的《成为父母，母亲和父母身份发展的深入分析》，美因河畔，1990。

方法来满足这个社会对自己的角色期望，向自己的父母甚至祖父母学习经验，当然也有可能是完全摒弃他们那一辈人的经验而向其他的有经验的前辈求助或者向相关的媒体咨询。年轻夫妇们这样做对于他们重新认识自己的地位是绝对必要的。但是在他们面前还有一大难题，那就是关于生育教养孩子方面的经验和理论，老一辈人的老一套理论不够用了或者有很多已经不适用了（年轻夫妇们的爸爸和妈妈那个时代的经验和理论），但是新的同一时代的具有普遍指导意义的经验和理论又还没有出现，或者即使出现了，但还不完整，没有形成体系。这样的情况"迫使父母们站稳自己的立场，主动去学习积累与孩子有关的知识和经验，与孩子共同成长，而不是一味地只想去使用那些来自他人的所谓的对孩子而言普遍有效的方法和手段"。①

父母在寻找自我身份认同的过程中，会遇到典型的因性别不同而引起的差异——比如，孩子会给父亲和母亲带来不同的恐惧的感觉。在这种大前提下，有一个现象引起了研究人员的注意——在很多具体形式各异的研究调查中，这种现象一直存在，引用 D. 高达（我在很大程度上沿用了他的观点）的话，这种现象或者可以说结论就是：每一次"冒险"（指养育孩子这件事）的时候，母亲"受到的影响比父亲大得多。也就是说，与男方相比，女方需要承受的压力和负担都重很多。现实中的女性朋友们也都坦言，事实的确是如此"。②在孕育孩子的那将近十个月的过程中，女性的身体发生着明显的变化，尽管这种变化会对女性的行动造成不便，但是这种变化却可以为女性提供一种情感上的支持，通过生理上的变化让他们在心理上逐渐适应，自己的肚子里已经有小宝宝了，自己即将成为一位母亲，这样一来，对于女性朋友而言，

---

① 《Ebenda》，第 90 页。

② 《Ebenda》，第 49 页。

身份的转变（从一个单纯的女人变成一位母亲）也不再是一件那么突兀的事情了。

"在孕育宝宝的过程中，大家都十分重视女性生理上的变化，相比之下，男性似乎就显得不那么重要了，因此宝宝的母亲也就更早地开始了自己的任务（例如为了胎儿的健康着想，母亲需要注意很多事宜并需要做很多男性不需要做的事情，尽可能地保障肚子里的宝宝能顺利地来到这个世界）。父亲此时对宝宝的发育成长并不能起到什么直接作用，他的主要任务就是为宝宝的母亲提供精神上的支持，只有等到很晚（可能晚到宝宝出生以后），父亲才能直接影响到宝宝。"[①]因此，在宝宝尚处于胎儿状态的这样一段漫长时期内，所有人对于宝宝的关心和期望一般也都由宝宝的母亲来承担了。"宝宝睡觉睡得好吗？""宝宝的作息已经规律了吗？""宝宝一直都那么闹腾吗？"整天被这些或与这些类似的问题包围，承受着所有人期待的眼神，宝宝的母亲所能感受到的压力和身上的责任要比宝宝的父亲多得多。

一旦孩子的发展出现了什么偏差，几乎所有人都会立即将罪责归到孩子的母亲身上。针对这种现状，社会学家伊丽莎白·贝克明确提出了自己的反对意见：所有人都应该更公平一点，应该公正地看待这件事情，我们看到的表象是那些所谓的不及格的母亲，但在她们背后究竟又隐藏着什么样的故事，她们有着怎样的苦衷？她们那些不利于自己孩子发展的日程安排表是她们"出于自己的意愿制订的，还是因为受到了外界的阻碍，受到了现代社会中各种各样繁杂事务的制约，不得已而为之？公交车有自己固定的行车时间，行政单位有自己的对外工作时间，商店有自己的开门营业时间，稍微大一点的孩子有自己上学的时间，男性还有自己的工作时间，职业女性也是如此……

---

① 《Ebenda》，第 78 页。

在这种情况下，家庭事务是否被协调安排就成了上述一切事宜能否顺利进行的'前提条件'，为了让这个'前提条件'得到满足，每一个家庭中势必需要一个家庭事务协调员。通常扮演这个角色的都是家中的当家主妇——妻子。为了扮演好这个角色，女性们真是劳心劳力。为了让家庭事务井井有条地运转，让所有成员都能正常做自己该做的事情，妻子需要对所有的家庭事务进行合理的规划、安排和组织。从这种角度而言，一个家庭无异于一个小型的企业……"。[1]但是整个社会似乎都缺乏这样一种洞察力，所有人都看不到家庭中女方的劳碌和艰辛。一旦家庭中出现了什么问题，就像一个企业宣告破产一样，所有人都将责任推到了女方身上。女方承担的压力越大，也就越容易产生恐惧的情绪，她们害怕失败，害怕自己把事情搞砸、没有将家庭经营好。现在，衡量一个母亲是否是一个"好母亲"的标准是，她是否合理地安排了家庭时间并合理地组织了家庭事务的进行。其实，如果有一个专业的组织安排专员，那么这些事务也就不是什么大问题了。有些商家很早以前就看出了家庭的这种需求，所以研发出了一种叫做"私人管家"的商品，在必要的时候，可以为需要的家庭提供服务——只要愿意花钱，每一个家庭都可以享受到这种服务，"很早以前，生活在美国的忙碌的夫妇们就已经开始雇佣被称为'私人管家'的工作人员了，请他们帮助自己合理地分配时间。在欧洲，这种服务还比较少见，大家对此也比较陌生：以前，家庭中忙碌的夫妻双方可能总是为了没有收拾打扫的房间、没有清洗的餐具、被忘记了的采购计划以及应该给孩子实际上却被忽略了的关爱举动而争吵，聘请了家庭事务组织专员以后，他会对这种状况进行深入地分析，然后再找出合理的解

① 同 P43 注释①，第 197 页。

决方案。"①

现在社会中的这种大环境对女性是不利的，但是即使是女性朋友们自己也不准备或很少有人想要改变这种现状。而导致女性朋友们如此的原因除了有外界社会带来的客观因素（整个社会都认为这些责任和负担应该由女性来承担，对她们有很高的期望值）外，还有很大一部分的主观因素，以及在与自己的孩子相处的过程中，女性心中产生的自我意识，被激发出来的与生俱来的母爱。单单仅有这种自我意识，女性也不会完全变成现在的这个样子。最重要的原因还在于，大多数女性朋友在成长过程中，教导她们的都是另外一位女性（这位女性常常是自己的妈妈）。在这个过程中，好妈妈的典范就在她们心中扎根了，他们会将传说故事中的好妈妈形象作为自己的榜样或者以戏剧中的坏妈妈的形象作为反面教材。

由于自己从小树立起来的那种根深蒂固的观念，所以一位年轻的女性一旦成为了母亲，她通常都会尽力去达成自己幼年时期就树立了的目标——成为一个好妈妈；与此同时，她内心深处始终还存在着一种恐惧感，害怕自己不能成为"一个好妈妈"。D.高达曾经在自己的调查报告中写道，怀孕的女性"十分在意，自己能否和腹中的胎儿建立良好的关系，即母亲都很看重'母爱'"。②母爱在最开始是一种情感上的过程，会使事情复杂化，因为感情本身就是无法测量的，所以母亲会心生恐惧，因为她不知道自己的母爱是否足够，这样一来，母亲的不安会更强烈。对于一个初为人母的年轻女性而言，当她听到宝宝的哭声时，她会问："我应该立刻把他抱起来吗？或许我应该再等一会儿，说不定过一会儿后，宝宝自己又睡着了。本来我还想打电话的，

---

① 《斯瓦本日报》，1997年1月23日。
② 同P105注释①，第268页。

我应该按照原计划打电话，不管宝宝，让自己成为一个狠心的母亲呢，还是先哄一哄小宝宝？妈妈对我说过，如果一听到宝宝哭就去抱他起来，这样会把他惯坏的……"

父亲面临的又是另外一番景象了：他们当然也想和自己的孩子保持良好的互动，在内心深处，他们有时还会情不自禁地拿自己与自己的父亲相比，看自己是否是一个合格的好父亲，他们也会和孩子的母亲一样，心中充满了不确定和不安。但是对于父亲而言，他们有更重要的任务，那就是保卫家庭的安全和对于未来的规划。[①]就传统而言，男性在这一方面责任意识比女性更强。除了男性的自觉以外，我们现在生活的这个社会也对男性提出了这样的要求。那家的丈夫在为住房、家庭生活费用、相关的保险费用操心吗？他挣得了足够的钱来支付这些费用吗？对于"即将成为父亲"或刚为人父的男人而言，他们所需要操心的事物越来越多，社会对他们的期望也越来越高。[②]而家庭财政方面的问题则是所有让他们忧心的问题中最重要的一个。近些年来，父母的角色都发生了很大的变化，但是与母亲的角色相比，父亲这个角色的变化是不是更剧烈一些，随之男人们的不安也变得更加强烈？对于即将成为父亲的人而言，他们身上的任务又增加了，因为他们要积极地参与到自己妻子怀孕的这个伟大工程中，要时刻表现出自己对于妻子身体上变化的关注，还得应付妻子怀孕期间那易躁易怒的脾气和波动不安的情绪，去参加产前培训班的训练，最后还要在妻子生产的时候尽可能地参与到其中。父亲需要操心的事情究竟还有多少，他们的忧虑还有哪些？在生活即将发生

---

① 《Ebenda》，第 268 页。J. 格罗茨那(J.Glöztner，编者)也提供了一些有趣的资料：《父亲，孩子对父亲的教育》，美因河畔法兰克福，1983。

② D. 施奈克 (D.Schnack) 和 R. 诺伊茨林 (R.Neutzling)：《困境中的小英雄，寻找男子气概的少年》，兰贝克，1990，尤其是第 72 页及随后几页。

改变的这一刻，很少有人会去关注男性所面临的这些问题。

联系到这些问题，读者们或许就不会对这样一个事实感到惊奇了，那就是在自己的妻子（或者没有结婚但生活在一起的，且正在孕育孩子的伴侣——对我而言，这没有什么大的区别，因为这种差异不会影响我想要表述的内容）怀孕期间，丈夫们以超乎寻常的高频率去拜访自己的医师，向他们诉说自己的不适症状，包括消化不良、恶心呕吐、胃口不好或者胃口突然大增、头痛或牙疼、皮肤过敏发痒、经常打摆子、感到心悸、注意力难以集中、失眠或者经常感到很沮丧抑郁等。不要震惊，会有上述症状的真的不是只有正在怀孕的女性，她们的丈夫也同样遭受着这样的折磨。[1]

通常，并没有什么具体的原因会导致男性出现这些不适症状，但事实情况却是男性的确遭受了这些痛苦。如果真要对这种情况说出个所以然的话，那罪魁祸首应该归结于男性的心理因素吧，不管是当下的情况，还是孩子出生以后的情况，这一切都令他们感到不安，他们担心整个家庭的生活状况，充斥于他们心中的全是焦虑和恐惧。研究心身医学（一种专门研究人的心理因素对疾病的影响的医学分类学科）的医生们从自己的专业角度出发，将准爸爸们面临的这种状况以及在他们身上出现的这些症状称为拟娩综合征。[2]为什么拟娩综合征会给准爸爸们带来如此大的影响呢？医生综合各方面的因

---

① 参看由 C. 迈耶（C.Mayer）和 H.P. 卡夫哈默（H.P.Kapfhammer）共同完成的《拟娩综合征，男性成为父亲时遭遇的病痛》，收录于期刊《Fortschr Neutrol Psychiat》第 61 期中（1993）。

、② 提到拟娩综合征我们不得不说到拟娩习俗，这种习俗主要出现在工业化社会出现以前。〔"拟娩"（Couvade）这个词的词根是法语中的动词"couver"，意为交配、分娩。〕在远古时期的部落社会中，有些部落拥有这种拟娩习俗。拟娩习俗的表现形式之一是女人生孩子，男人坐月子。男人伴装生孩子的痛苦，女人在生产完毕后休息很短的一段时间然后就继续去参加田间劳作。还有另外一种常见的形式是，在女人生产期间，男人不能吃某些东西，不能碰更不能使用刀以及其他的武器。

素，对造成这种现象的原因进行了总结：

"准爸爸们害怕家里的财政状况变得不容乐观，害怕与妻子、与自己的父母——尤其是自己的父亲——与自己的朋友之间的关系变得没有以前那么和谐，担心自己的情欲或对妻子的兴趣衰退、担心妻子和她肚子中胎儿的健康状况、害怕自己不能成为一个'好父亲'或者害怕孩子出生以后，自己不能悄无声息地化解掉自己对于孩子的那种敌视情绪。"①

在与自己的孩子相处的过程中，男性的心理感觉其实是很复杂的，他们既想成为一个疼爱自己孩子的好父亲，同时又会因为孩子而产生某些恐惧的感觉。最常见的一种情况就是，他们害怕自己与孩子之间的关系会变得对自己不利，这样一来自己的利益就会遭受损失，自己有可能被欺骗或者糊弄，自己在家中变得没有地位或者地位大不如前。与恐惧的感觉同时存在的还有嫉妒的情绪：害怕自己与孩子之间的竞争，害怕自己处于不利地位，嫉妒孩子与他的母亲即与自己的妻子(伴侣)之间的那种亲密无间。从这个层面而言，孩子难道不是自己的"竞争对手"吗？他霸占去了原本属于自己的来自妻子的爱、温情关怀和全部注意力。他将这一切都夺去了以后，自己还剩下什么？诚实地说，自己看待孩子的眼光除了高兴以外，还有怀疑和不满，这样的情况——尤其是当自己已经明确知道了自己在害怕什么以后——反过来又会增加自己的恐惧感。

约翰·列侬曾经说过"生活就是各种各样的偶然的集合，即使我们做好了所有的规划，意料之外的事情依然总是发生。"对于我们的生活和孩子而言，这句话再合适不过了。孩子——不管这个孩子是在意外情况下孕育的还是压

————————
① 同 P111 注释①，第 197 页。

根就是夫妻俩"计划"下的产物（借用现今十分流行的技术理论领域中的说法），对于我们的生活和我们自己而言都是一件不寻常的物品。不出意外的话，这个物品会一直伴随着我们以后的生活——而以后的情况会怎样，没有人知道，也没有人可以作出明确的规划，甚至没有人有足够的能力去控制以后可能出现的情况。不过幸运的是，我们已经对这种情况有了一定的了解，进而可以早做心理准备。孩子一方面要依附着我们才能生存，另一方面又会让我们对他产生恐惧的感觉——例如，我们会因为自己不知道究竟该怎样与他相处而感到害怕。有时我们会觉得自己很失败，因为自己不能或者没有满足孩子的各种需求，即使在想象中，自己已经做好了所有的计划。孩子可以通过自己的行为让我们认识到自己的生活究竟是什么样的，包括物质生活和精神生活，让我们再一次正视自己那些没有被满足的愿望——例如，对某些事情或东西的极度偏好。孩子现在的生活会让我们想起自己的童年，想起那些曾经错过的运气和没有把握住的机遇、那些从未说出口的对于某人的爱慕、那些从没有经历过的事情和遗憾。

　　比起孩子的行为，父母自身的愿望和要求似乎更能成为父母们产生恐惧感的源头。对于大多数人而言，在一开始制订自己的人生计划时，孩子就成了计划中的一个重要部分——只不过很多人可能都还没有意识到这一点。但是后来孩子却拒绝按照父母们计划好的道路前进，父母们的计划表开始变得不管用，父母们原本的考虑和期望都落空了。此时的后果就是父母们的不满：为什么明明所有的事情都计划好了的，现在却完全走样了呢，和我们预期的一点都不同？

　　有很多父母，尤其是那些认为自己十分开明进步的父母，他们坚信，自己早就做好了迎接孩子到来的准备，他们已经有足够的能力去满足孩子的任何需求了。有时他们甚至都不承认，他们对自己的孩子还有特别的期望："生男生女对我都一样，只要孩子健康就好。"有的父母的确是这样想的，但还有很多父母不是，不过他们不会承认自己原本的期望是生一个男孩子，因为他们害怕——害怕他人认为自己很自私，觉得自己是一个很迂腐的人。光有重男轻女的思想却没有付诸具体的行动就不算自私自利，对于有重男轻女思想的父母们而言，这种说法无疑安慰了他们的心灵。有时候，人们有某些想法，但不一定都会付诸行动，父母们重男轻女的思想也是如此，究竟会对自己生下来的孩子如何，关键在于父母们是否足够坦然，能否坚持自我批评和改正。如若不然，那些曾经被摒弃的想法说不定哪天就又突然出现在了我们的心中。

没有任何一个时代的父母像今天的父母们那样，那么害怕自己成为"坏父母"，但是过度的恐惧也会带来另一种极端的危险，父母们会产生悲观的情绪：反正不管怎么做都做不到完美，怎么做都是错，那还不如听天由命，就这样放弃努力吧。父母们一旦有了这种念头，那么他们将很难学会没有偏见地公正地去看待自己的情绪和感觉。而正确看待自己的情绪和感觉则是公平对待孩子和自己的第一步。

为什么父母们会费这么大的力气来逃避和自我压抑呢？孩子让父母产生恐惧的感觉，与此同时还引发父母们其他各种各样的负面情绪，但是为什么父母们却要对这种现象保持缄默，只想将自己的各种不好的感觉压抑住呢？其实这种压抑已经不再是每一个个体的事情了，而是涉及了整个社会的价值取向。父母中的任何一方或许都不会愿意承认，在面对自己的孩子的时候，他们不光有愉快的情绪，负面的情绪也有很多。至于原因，我们在前面的内容中已经讲过了：面对孩子时的罪恶感以及父母们也不希望出现但却真实存在的——因期望的和谐的家庭关系没有实现而产生的失望情绪，害怕自己对孩子的付出收不到回报，自己会吃亏以及对孩子的嫉妒。但是为什么社会上对于这种现象的关注这么少呢，即使是受相关社会部门委托的专门进行此类问题研究的专职人员，他们对这种现象的敏感度也不高，有些现象甚至从没有被人注意到过，成了研究领域中的"盲点"。

导致人们故意对这种现象视而不见的原因之一就是父母们还是希望自家成员之间的关系能够尽量地保持和谐，如果可能的话，还会尽力掩饰或美化自己与孩子之间那充满冲突的关系，给所有人留下一种自己家庭生活十分幸福的印象。父母们需要"克服"的感觉其实远不止恐惧这一种。关于这一点我将在接下来的内容中再次讲到，将这个问题完全地展开来讨论，将有助于对问题的深入分析。父母对孩子的感情总是那么复杂，但是唯有恐惧这种感觉总是被刻意地"忽视"，这绝对不是一种偶然的现象。

我总结了一些实例来证明我的这种说法：1966 年的时候，一位名叫沃尔夫冈·豪赫海默的作家写了一篇名叫《论辈分冲突之间的权威和性别角色》的文章。沃尔夫冈·豪赫海默本人在德国社会转型时期用自己坦诚新颖的观点吸引了很多人，自己也成为了该领域中的重要领军人物。

"只要一个人还生活在这个社会中，他就一定得接受教化，这是个不争的事实。个体精神的自然力量必须被社会化。而在老一辈人对年轻一辈人进行社会化教育的过程中，冲突从来就不能被避免……我们的孩子总是会让我们产生特别害怕的感觉，因为他们会一直盯着我们，看他们的行为会引起我们什么样的反应。"[1]

上面的这段话是对父母与孩子之间相处状况的真实描述，也是对事实的简明扼要的总结。但是至于孩子为什么会引起父母们的恐惧感，沃尔夫冈·豪赫海默显然还没有找到问题的关键所在。

---

① 同 P2 注释①，第 493 页。

二十五年后，一位名叫卡琳·缇里的女性又写了一篇关于《喂奶频率、喂奶时间和断奶原因》的文章，在文章中，她从另一方面详尽地对孩子与父母之间的相处进行了一番描述："母亲决定给自己的孩子'断奶'除了因为自己的'奶水不足'这种生理上的原因以外，还有很多其他的原因，但是女性自己通常不会将这种原因明确地讲出来，因为当下社会，在大众的观念中，女性仍然应该将孩子当做自己的生活重心，而选择给自己孩子断奶的女性，她们这样做的动机明显地违背了社会大众的价值观和认知，一旦她们公开承认了自己的想法，周围的其他人都会认为这个女人很自私，不是一个好母亲，大家将不喜欢她。现在有很多母亲以奶水不足为借口拒绝用母乳喂养孩子，在这种现象的背后其实隐藏着已为人母的女性们的微弱抗议，抗议这个社会将女性的地位仅仅定义在其母性职能上，同时反映出母亲们的愤怒，对'那些贪得无厌的，总是在吸吮奶水的'小婴儿的愤怒。女性们从小就树立了的成为一个好母亲的愿望不能实现了，此时她们会对此感到很失望。在摄影家的软胶镜头下，一幅幅母慈子爱的镜头应运而生，小孩子出生以后，母亲总是温柔地对待他们，耐心地哺育他们，母亲与孩子之间的关系永远那么和谐。但是事实却远远不止如此，在完美母子关系背后，还有更多的其他的负面存在，例如母亲的不安全感、压力、过度劳累以及不停哭闹的孩子。鉴于这些不被期待、人们未能事先预知的负面因素的存在，如果我们够坦诚，没有完全被自己主观臆想左右，尚有一定的思考力的话，我们不得不承认，那些在人们的认知中，一直都是那么完美的母亲与孩子之间的关系其实并不是最真实的现实的写照。"[1]

---

[1] 卡琳·缇里:《喂奶频率、喂奶时间和断奶原因》，刊登在《社会心理》上，1991 年第 2 期，第 62 页。

这段描述无疑是现实的真实写照，对于卡琳·缇里的解释我也没有什么异议。再次回到卡琳·缇里的描述上：她对于母亲的心理活动的描述是如此的逼真，孩子不停地"吸吮"自己母亲的乳房，孩子的这种行为让母亲产生了恐惧感，以至于我们会产生一种错觉，这种现象是我们自己在不经意间亲自发现的，而不是卡琳·缇里可以转述给我们的，如此一来，这位女作家也就不必承担一些其他的未知的后果。

这个事实让我们注意到，人们似乎在私下里悄悄地达成了某种秘密的协议，即使他们自己都还可能没有意识到，不公开讨论有关父母恐惧感的话题。为什么会这样？出于何种动机，人们要将父母的恐惧当做是一个禁忌的话题？

导致这种情况出现的原因之一在于深植于我们心中的传统思想，那种根深蒂固的文化理念，所有人都认为孩子才是无助的、弱势的、被动的群体，唯有依靠父母和家人的供养及照顾他们才能存活下去，才有机会长大。父母不仅要在家庭内部履行自己的职责，为孩子提供生存所需的物质基础，在孩子需要睡觉的时候去哄着他们，还要——就像本书第二章中提到的内容——充当这个社会的代言人，让自己成为教养孩子的"社会化代理中心"。这一切都需要父母的参与，需要他们投入很多人力物力，耗费掉他们大量的时间和心神，有时甚至会让父母感到心力憔悴。自二十年前，我就开始了对婴幼儿的系统研究，研究结果证实我们一直被自己的"常识"误导了：新生儿也拥有一定的能力，他们也"能"做许多事情，就像以前的科学家们幻想的一样。不过，比起婴幼儿们"能"做的事情，他们"不能"做的事情似乎更多，也更容易被我们注意到。他们不能做的事情包括走路、说话、自食其力等等。由于在日常生活中，年轻的父母和冷静的旁观者们清楚地了解婴幼儿们"不能"做的事情，所以他们一直坚信这样一种想法：尽管父母有时会被孩子弄的疲惫异常甚至神经衰弱，但是与孩子相比，父母始终是强大的、占有优势的那一方；与此相反，孩子始终是弱小的、无助的，不得不因自身力量不足而屈从于大人的安排——尽管他们可以因为不满于自己遭受的待遇而哭闹，并且想哭多久就哭多久，想哭多大声就哭多大声，但他们的抗议行为也仅止于此了，效果大家也都心知肚明。

父母们的恐惧并不是体现在这一方面，因为这与真正的父母的恐惧相比简直是小巫见大巫，真正的让父母感到恐惧的状况要比这严重得多：孩子让父母感到恐惧——在与父母对决的战场上，孩子握有主动权，他们可以决定自己对父母做什么。由于孩子自己都不知道自己对父母可以有如此大的影响力，所以孩子也不会主动去改变这种现状。当权者总是不知道自己手中究竟握有多大的权力。①父母因此处于被动的状态，并且是极端被动的状态。突然之间他们失去了主动权，这种权力的转接让他们在一时之间还很难接受——这种恐惧的来临完全没有任何预兆。所有的这一切都是因为家里的那个小家伙引起的吗？怎么可能！因为我们决不会允许这样的情况出现。如果真是如此的话，我们也不会选择孕育孩子，为人父母了。我们用这种说法来麻痹自己，所以看起来父母的恐惧这种东西似乎压根就不存在——因为"不允许存在的东西自然是不存在的"（克里斯蒂安·摩尔根斯坦）。

父母的恐惧是不被任何人期许的事物，所有的父母都急切地想要摆脱这种感觉，不管他们是否承认。但是究竟有什么方法能够神奇地将这种负面的

---

① "权力"究竟是什么？在众多关于"权力"的文学作品和科学描述中，马克思·韦伯对于"权力"的定义应该是其中最著名的（这一定义产生很早，但晚问世了70年，因为马克思·韦伯的很多作品都是在他死后才被收集、整理、出版的）："权力是指在一个社会群体中不顾其他人的反对声音贯彻实施自己个人意志的机会，无论这个机会从何而来。"定义中的权力还包括没有被当事人意识到的权力。在现代社会中，我们不得不承认，"婴儿陛下们"扮演着一个十分强势的角色。

情绪赶走呢？其实方法真的很多，其中一种有效的方法是使用一种名叫"和谐酱汁"的材料，将这种"和谐酱汁"淋在父母与孩子之间的关系上："我们只是想要你们过得更好！""我想成为我孩子最好的朋友！"等等。

在本书的第三章中，我曾列举了一些中世纪时期父母以残忍的手段对待自己的孩子的例子。关于这些例子，在此我将补充一些内容。在中世纪时期，父母们公然使用那些"不文明的"手段和方法来对待自己的孩子、表达自己恐惧的感觉是司空见惯的事情。父母们的这种行为也让孩子与父母之间那种充满冲突的关系彻底地暴露了出来，同时暴露的还有父母们的残忍。但是无论如何，父母们的这种行为至少让父母与孩子之间那些复杂的关系更加明朗了。

"我总是不能安宁，孩子制造的噪音一直在我耳旁盘旋，我几乎要因此而神经衰弱了。"早在 1462 年的时候，宫廷抒情诗人奥斯瓦尔德·冯·沃尔肯斯泰因说道。一位生活在我们时代的历史学家解释道："即使是在中世纪时期的贵族家庭中，也总是充满了打打闹闹和不断的斥责和哭骂，和一般的小市民阶级没有什么不同。"因为恐惧，奥斯瓦尔德殴打自己的孩子，这时孩子的妈妈咆哮着冲向了奥斯瓦尔德，原本激烈争吵的场面瞬间变成了大家厮打在一起（她打了我一拳，我必须还回去）……①在这种氛围下，父母与孩子之间的冲突、对对方的不满以及攻击都是公开的，未加粉饰的，我不能说这种状况是好的，但是这样一来，父母们至少可以正视自己因孩子而产生的恐惧感了，对于自己与孩子之间的状况也可以直言不讳了。

还有一种情况："每一个孩子都是一个在未来才能知晓结果的赌注——不管是谁在那里下了注，他的心中始终都是存在着恐惧的。"在中世纪，当

---

①　O. 博斯特（O.Borst）：《中世纪时期的日常生活》，美因河畔法兰克福，1983，第 96 页。

父母下的注赢了，即自己孩子发展得十分顺利，那么父母会将这一切都归功于上帝的保佑——如果赌注失败了，那么父母就认为是受到了魔鬼恶灵的影响，有时甚至直接认为是撒旦在作祟。如果一个孩子不停地哭闹，最后甚至惊扰了自己的父母，那么人们第一时间想到的就是，这个孩子一定是个怪婴（在欧洲的迷信传说中，被侏儒或魔鬼交换留下来的丑陋婴儿），或者这个孩子被魔鬼附身了、中邪了，已经成为一个小恶魔了。按照当时社会上的一贯做法，家长会以此为借口使用十分残忍的手段来对付这个"恶魔"般的孩子，有时甚至不惜杀死自己的孩子。

而现在盛行于我们这个时代的主流看法已经与中世纪时期的完全不同了：孩子会有什么样的发展，"他是否会成为一个对社会有利的人"。——所有的这一切都在于父母，父母应该为此承担绝大多数的责任。父母是积极促进自己孩子的发展还是从精神上伤害自己的孩子，孩子未来会很出色，会飞黄腾达成就自己的一番事业还是会成为这个社会的渣滓，最终被投进监狱——这一切都取决于父母为孩子提供了什么样的生活和成长环境，以及父母让孩子度过了一个什么样的童年，在这样的童年生活中，孩子又都有了什么样的经验和阅历。

在这里，我就不去评价这种观点是否正确了，也不去探究这种观点是在什么样的背景下产生的。[1]尽管这种观点也容易让人陷入另一个极端，但

---

[1] 这里不得不提到的是由美国著名女心理学家埃米·韦纳主导的"考爱岛研究"。这次研究的对象是 698 名出生于 1955 年的来自夏威夷考爱岛的孩子，埃米·韦纳想要知道为什么这些孩子能够在恶劣的社会环境中"发展出健康的人格、能够走上与预期目标相一致的职业道路、能够与其他人建立稳定的人际关系：我们想弄明白，是一种什么样的东西让这群孩子身上的逆境生存能力得到了如此大的提高"。经过仔细的研究，以韦纳为中心的工作组总结出了这样一个结论，这群孩子之所以能够成功，战胜困难，是因为他们身上的那种超强"适应能力"发挥了重要作用。埃米·韦纳：《人的社会化：来自考爱岛的孩子》，刊登于杂志《科学光谱》之上，1989 年 6 月，引言刊登在第 118 页。

是有一件事是确凿无疑的，那就是这种观点强调了父母对于孩子发展的重要性——同样属于父母责任范畴的——父母给孩子提供的生活和发展空间对于孩子的重要影响；如果我们还在劳烦撒旦高抬贵手，放过我们的孩子，让孩子所处的环境更加单纯，那么在处理自己与孩子之间关系的这条路上，我们无疑没有任何的前进，以后也不会再有任何进步。

在这种情况下，我们还必须考虑到一件事情：过分地毫无限制地夸大父母的责任、盲目鼓吹父母对孩子的影响，最终会给父母带来怎样的精神负荷。一方面会让父母盲目自信，过高地估计自己的作用和地位，拥有完美主义情节、过分的苛求自己；另一方面可能会让父母终日惶惶不安、害怕失败、长时间地进行自我怀疑。作为父母，我们每个人都曾经花费了大量的时间和精力来维持自己内心世界的安宁，但是直至现在，这种安宁还有随时被打破的危险。而让父母们正确认识自己因孩子而产生的恐惧，即学会正视因自身的能力不足以及因孩子某些未知行为而产生的恐惧，对于我们精心维护的脆弱的内心世界的平衡而言，无疑是一种不可忽视的具有破坏作用的"干扰因子"。维持内心世界的平衡与生存本身同等重要，为此生活用这种有几千年历史的训练计划不断地对我们进行考验，如果有人在被考验的过程中感到"不舒服"，那就意味着，他的适应能力比较差，他完成来自外部世界要求的可能性也就更低。

几乎在所有的地方，人们都还是选择忽视或者可以说是故意无视父母的恐惧，究其原因，可能是为了从源头上杜绝那些因父母的恐惧而引起的"出轨现象"吧——但是在今天这种已经发生了巨变的社会环境中，以前那种与社会匹配度很高、有存在意义的行为模式已经不再适用了，已成为了社会发展的障碍。

　　关于这个话题的探讨，我自然还有很多做的不足的地方；我希望读者们看了这些内容以后，可以从多个角度对我的观点进行评论、检测，如有可能的话，能够指出我提出的观点中的错误和不足，那是再好不过了。客观公正地对这个问题进行讨论，正视我们一直可以忽略的父母的恐惧，无疑是我们诚实面对父母与孩子之间关系问题的重要的一步。

　　当然，我们这样做，最终受益的还是父母和孩子，因为孩子在成长过程中总会碰壁，在他们成长的道路上总是会有许多所谓的"橡胶墙壁"来阻碍他们的顺利前进，如果解决好了父母与孩子之间的关系，那么至少其中的一堵"橡胶墙壁"可以被移走了。

　　截止到目前，前面列举的所有的例子都在向大家说明，父母对孩子的恐惧只会带来"负面的后果"，因为所有人都一相情愿地认为，父母与孩子之间的关系应该是和谐的，没有冲突的。而父母的恐惧却打破了人们的美好愿望，不利于父母与孩子之间和谐关系的建立。其实这种说法也并不是毫无根据的，因为在我们的感情和精神生活中，还没有任何一种情绪可以像恐惧一样，给我们带来如此大的影响，会对我们的行为造成如此直接的干扰。但是父母因孩子而引发的恐惧感，也并不是真的那么一无是处，这种恐惧其实也会给我们带来一些积极的影响，在这里我将简短地为此做一下说明和澄清。

　　首先必须得提到的是父母们的自我陶醉情节。他们通过孩子来确定自己的重要性和存在意义。从孩子出生不久后，父母就为孩子制订了一大堆雄心勃勃的计划，似乎只要按着这个计划进行下去，自己的孩子在不远的将来就一定会成为一个诺贝尔奖获得者或者舞台上最红的明星——父母对于孩子有着越高的评价，进而对他们的期望也就越高，而他们之所以会这样，是因为他们自己得不到这些，所以希望孩子能帮他们完成自己曾经拥有的梦想。戴安娜·艾伦赛夫特曾经说过一段话，对这种情况进行了十分形象的描述：

"每当与人谈到自己那4岁的儿子时，斯坦利先生的兴致就变得格外高昂，不停地夸赞自己的儿子。小艾伦的滑雪技术好得让人难以置信；在音乐方面，他有着非比寻常的辨音能力；至于智力拼图游戏，那更是没话说了，他在这方面简直是一个天才。我们将斯坦利先生夸赞他儿子的这段话录了下来。如果有一个人天天在你耳旁说着这样的言过其实的夸奖的话，你会高兴吗，尤其说这话的人还是一个和你十分亲近的人？我们将这段话放给了斯坦利先生听，站在小艾伦的立场，他仔细地一遍一遍地重复听了这些话，随后恍然大悟，在他这样夸张的吹捧之下，小艾伦承受着多么大的压力。他发现，这样言过其实的夸奖对孩子而言并不是一种真正意义上的关爱，反而是对孩子的一种轻视和忽略，因为这样做的后果是自己并不能清楚地了解小艾伦的真实本性以及实实在在的需求。如果一直任由这种幻想持续下去的话，自己的自我陶醉情节以及心中的恐惧只会更加肆无忌惮地蔓延，这种情况对小艾伦的发展是十分不利的，因为在这种环境下成长起来的艾伦，很难成为一个坚强的、自信的少年。在父亲的影响下，他很难对自己满意，自己所做的一切都没有达到父母所说的那个水准。他也将因此而一直活在别人的阴影之下，为了他人的要求和期望而活着。"[1]

其实最根本的问题还不在于父母们喜欢自我陶醉，真正严重的是父母们在自我陶醉、喜欢过分地吹捧自己孩子的同时，还喜欢将自己的意志强加在孩子的身上。他们的自恋不光针对自己，还"污染"到孩子身上。在父母的强势和控制欲面前，孩子有时甚至成了某种意义上的执行组织，他们执行父

---

[1] 同前言 P2 注释①，第77页。

母的指令，按照父母的意愿行事，等孩子真的成为了父母口中赞不绝口的那种样子时，父母也就功成名就了，他们借助自己的孩子成就了一个"了不起的自我"。与父母们自我陶醉情节相反的另一面是父母们的嫉妒，对自己孩子的嫉妒（"我小的时候，从来没有人给我提供过这样的机会……"）。但是在现实生活中这两种看似处于两个极端的情绪通常都是如影随形同时出现的：人类的感情总是那么复杂，各种情绪感觉交错掺杂在一起，而其中的道理并不是我们用形式逻辑中的原理就能简单地解释清楚的。

导致孩子与父母之间关系不和的原因有很多，但是父母对孩子的嫉妒绝对可以算得上是最根本的原因了，著名心理分析学家唐纳德·W. 温尼科特认为："年轻人身上最具价值的东西就是他们身上的无止境的潜能。由于潜能这种东西会随着时间的流逝而消失，随着年龄和阅历的增加而耗尽，所以成年人身上的潜能已经所剩无几，所以他们会嫉妒年轻人，嫉妒自己的孩子。"[1]

该章节内容写到此处，关于父母嫉妒自己孩子的这个问题，我们现在也应该有更深刻、更准确的认识了：当孩子成功达到了父母给自己设定的目标时（不管孩子是出于什么样的动机），父母们感到的并不是只有满足，隐藏在他们心中的反而是一种"十分复杂的感情"——用一句名言来说就是"提防着你的愿望，因为它会成真"。孩子完成了父母的要求，但父母却会有这样的反应，其中的根本原因就是，比起那些表现普通常让父母失望的孩子，太过优秀的孩子似乎有更容易脱离自己父母的掌控的趋势，因此，对于那些太过优秀的孩子，父母不仅会嫉妒他们，心中对他们还会有深深的恐惧感——就

---

[1] 唐纳德·W. 温尼科特：《攻击性，对环境的拒绝和反社会的趋势》，斯图加特，1988，第 203 页。

像正向反馈一样，父母因为恐惧，会不断地压制自己的孩子，加大对他们的控制力度，这样一来，新的危险也就诞生了，父母与孩子之间的关系随之陷入一种恶性循环之中。在现实生活中，我们经常看到有一些所谓的神童，他们对他人（通常是自己的父母）的依赖性非常强烈，并且这种依赖性很有可能会贯穿他们生命的始终。在那些所谓天才儿童的成长过程中，至少有一点是确定的，那就是对于这样的神童而言，他们的需求和父母的需求——就像人们心中复杂的感觉和情绪一样——是很少甚至完全没有区分开来的：父母通过自身的强势不断地对孩子施加影响力，最终导致父母的利益和孩子的兴趣纠缠交织在一起，以至于他们自己都分不清，哪些利益是完全出于自身考虑的，哪些是为了父母（孩子）而做的，分不清自己做事的动机究竟是什么。

对于单亲家庭（通常是单身母亲居多）而言，这种现象更为普遍，父（母）亲与孩子之间的关系陷入这种危险之中的可能性也更大。对于单亲的父（母）亲，与其他成年人的关系总是瞬息万变，同样如此的还有与他人的伴侣关系，每当自己想要认真安定下来，组织一个稳定的家庭的时候，总是以失败告终——与此相反，孩子就是一个静止的中心，这个中心可以为自己提供安全感，是生活中唯一的稳定因素。出于这种原因，很多单亲母亲都会尝试将自己的孩子紧紧地绑在自己身上。这样的单亲母亲通常会像蚕一样，喜欢织茧，只不过织这种茧所用的材料不是蚕丝而是感情，被茧困住的则是自己与孩子。在这个茧中，自己和孩子彼此关照，过着幸福无忧的生活，不再受外界环境中恶意因素的攻击。但是单亲母亲这样做的后果却是，在这样环境下长大的孩子，通常很难成为一个正常的、坚强的、独立的个体。

我们在对父母们的行为进行分析时，除了要考虑父母们的情感因素、下意识的行为倾向，父母们在现实生活中受到的压力也是不可忽视的要素之一，这种压力还有逐渐增大的趋势。现代社会中，生活节奏越来越快，事物越来越繁杂，越来越多地充斥在现代文明社会中的各种各样的责任和义务（从纳税申报到家长会），从居住地点到工作地点之间的路程越来越远（尽管我们的工作时间缩短了，但是耗费在往返于工作地与居住地之间的时间却延长了，这两者相互抵消，父母们因工作而耗费的时间并没有什么改变），所有这一切都导致了一个后果，那就是父母们真正"悠闲"的时间变得越来越少。[①]当他们真正有空闲的时候，在那仅有的短暂的时光中，父母们也想放松一下，让自己在劳碌之余感受一下生活的美好，他们需要安静，需要一个和谐的家庭氛围——"繁重的工作和纷杂的琐事已经让我们精疲力竭，我们没有足够的力气去进行那些既耗费时间又浪费精力的冲突了，能避开就还是避开吧。"但是当父母不再管制孩子或者对于孩子的出格行为总是一笑置之的话，其他的烦恼又应运而生了。当孩子们静静地坐在电视机或电脑前时，他们会保持安静，不会去叨扰父母，也不会做出其他一些有害于家庭和谐氛围的事情——这时父母们终于有时间去做自己想做的事情了，给远方的姑妈或婶婶写一封信，看一些有关迪亚士（约 1450—1500 年，葡萄牙著名的航海家，于 1488 年春天最早探险至非洲最南端好望角的莫塞尔湾，为后来另一位葡萄牙航海探险家瓦斯科·达·伽马开辟通往印度的新航线奠定了坚实的基础）最后一次航行的游记，将花园中的兰花移栽到花盆中，这是一件早该做却一直因为闲不下来而没有做的事情。这个时候，当坐在电视机前的兄弟姐妹因为哪一个版本的口袋妖怪（日本研发的一种掌上游戏）在哪一款携带式电子游戏机上才能玩而引起争论的时候，父母会冷不防地被吓一跳，随即反应过来之后，

---

① M. 格哈马（M.Garhammer）：《欧洲人如何利用自己的时间，全球化趋势下的时间结构和时间文化》，柏林，1999。

他们会立刻找一个借口作为解决这次争执的方法，尽管这个借口可以让孩子们的争吵停止，家庭氛围重归安静和谐（别吵了——与其在这里为一些无意义的事情争吵，还不如去打开冰箱拿一个冰激凌吃呢），但是如果父母们总是用这种方式来解决孩子们的争执的话，长时间下来，父母与孩子之间的关系还是会受到不利影响——因为孩子们有时是故意闹腾的，他们也只是为了引起父母的注意，让他们关注到自己。如果父母总是三言两语就打发了他们的话，时间久了，他们心中会产生一种若有所失的迷惑（为什么他们从来都不和我玩呢？）。

当父母们耗尽心神为避免冲突寻找到一种新的策略（尤其是父母们从内心深处认同这种策略的时候）时，现代社会的模式也就在我们生活中得到了越来越明显的体现，而这种现代社会的模式则是打着所谓的"时代精神"的旗号。这种模式是真的存在的——从"存在型社会"到"体验型社会"的过渡也毫无疑问属于这种模式。现在的社会是一个充满了电视广告的社会，电视广告为人们提供了各种典范，人们的生活究竟应该怎么过（当真实生活与电视中的典范不同时，人们会有一种被欺骗的感觉）——这是一个如此美好的时代，社会中全是朝气蓬勃、充满活力、有能力的年轻人，他们生活在一起，大家都过着十分幸福的日子；在这个一片祥和、充满欢乐的国度中，政治混乱出现的次数相当得少，更不用说吵架了；同样，疾病、死亡、残疾和疼痛也是如此。"这只是电视广告为我们展示的理想生活。"很多人会如此反驳道。的确如此，但是我们面临的问题却是有越来越多的人相信这广告中展示的才是真正"真实的"生活，并将广告中展示的生活作为了现实生活的参照物，一切向广告中的展示生活看齐。在这种自我欺骗行为的影响下，很多人倾向于认为利益兴趣的差异是一件让人十分痛苦、无法忍受的事情，因为

这种差异会使我们的活动空间不断地缩小；冲突只会浪费我们的时间，影响我们的情绪。生活或许真的可以变成一场豪华的宴会，在这场宴会中最重要的事情是不要错过任何一场精彩表演，将其他的一切都当做为了了解"人生的困境"而刻意创造的条件。

文章进行到这里，我已经没必要再作更多的阐释了。因为我相信，父母们的动机——出于这种动机，他们才会千方百计地使用各种手段来尽可能地避免与孩子之间的冲突——这一点已经解释得相当清楚了。

下一章的主题是孩子的利益情况，接下来我将为大家展示孩子与父母这两个不同群体之间的相互作用和相互影响。正常情况下，存在于父母与孩子之间的那种依赖其实没有我们想象中的那么强烈——所以在本书最后一个章节中，我想向大家说明，父母并不是孩子唯一的伙伴。相反，父母的角色是一种深刻的社会和文化变革的成果，而不仅仅是一种"自然恒量"。这一点至关重要，请看完本书的读者们千万不要忘记。

第五章
孩子：不得不爱父母

"正如心理学家所知，全世界的小孩都有一种共性，那就是他们与生俱来地会向与自己亲近的人或事表现出好感，用抗拒的态度面对暴力和不公，"在斯坦福大学任教的心理学教授威廉·达蒙（William Damon）在其著作中接着写道，"社会情感上的差异是在后天成长过程中形成的。受到不同文化中不同价值观体系的影响，孩子们的社会情感（个人价值观体系中的一部分）逐渐表现出不同，而这种不同又会引起他们在面对同一事物时会拥有不同看法或不同反应，而消除这些社会反应的方式也会有所不同。"[1]

孩子的监护人——通常是父母双方或父母中的一方——会对孩子的成长带来很大的影响，这一点是显而易见的，也是不容置疑的。与此相反，兄妹、朋友以及"同侪团体"（即科学术语中的同龄人，关于这一概念见于本书第七章的前几段。书中写道，由于像中国这样的国家实行了计划生育政策以及其他各种原因，独生子女现象在世界范围内越来越普遍。由于独生子女不可

---

① 威廉·达蒙：《儿童伦理道德观的形成》，刊登在《科学光谱》上，1999年10月，第64页。

能拥有兄弟姐妹，所以对于他们而言，原本兄弟姐妹的角色就由同龄人来扮演了）对孩子的影响却一直被低估。

孩子对自己父母的爱可以说是与生俱来的。但是，这种情感能否维持下去则取决于孩子的爱是否得到了父母积极的回应。如果父母没有对孩子的爱做出反馈，情况会是什么样的呢？结果其实我们大家都知道，由哈里·哈洛（Harry Harlow）主导的以恒河猴为实验对象的那个残忍实验（补充：这个实验是关于依附理论的研究。在实验中，许多恒河猴从出生时就被隔离起来。后来又让这些猴子与假扮的"猴妈妈"待在一起。这些"猴妈妈"其实只是一些木偶，其中一只"猴妈妈"的身体是金属线缠成的，身上固定着一个奶瓶，经常给22号小猴喂奶。笼子里的另外一只"猴妈妈"不给小猴喂奶，可它的身体披满了海绵、橡胶和绒线，使小猴在它的怀抱里能够舒服些。然后研究者把一个敲着鼓的小士兵玩具放进笼子里。小猴从来就没有见过这个东西，它发出一声尖叫，跑向它的"妈妈"）以及雷内·A.斯皮茨（Rene A.Spitz）对于"住院癖"的描写再一次证实并强调了这一后果。在这个"交换游戏"中，尚有一些问题还没有被研究清楚，至少还没有达到预期希望的程度——众多问题之中的一个是孩子们的能力，那些在恶劣环境下成长的孩童如何能够让自己"得到补偿"，比如得到来自其他成年人（这个人可以是自己的祖母、远房的亲戚、教会女护理员或者其他任何人）的关注，让他们代替自己那失职的父母照顾自己。[①]但是不管怎样，对于孩子尤其是婴孩而言，无论所处的环境有多恶劣他们都能在其中游刃有余——绝不会感到完全的绝望。

那些对于新生儿和婴幼儿必不可少的东西，即对于小孩子而言不可或缺的"必需品"，比如食物、关爱、安慰、保护、充满爱意的照顾，会随着小

---

① 埃米·韦纳：《人的社会化：来自考爱岛的孩子》。

孩独立性的增长慢慢不再那么重要。而我们常犯的一个错误是，延时供应那些适用于无助新生儿的关爱举动，有时我们甚至会在孩子的整个童年时期，都用那种对待新生儿的方式对待他们。这种做法不仅显示了我们作为父母的不成熟，还会使得我们的孩子不独立，对我们形成习惯性的依赖。但是这种对待孩子的方法已经成为我们大脑中根深蒂固的观念，我们已经习惯了这种做法，甚至是如此的习惯，以至于下面的这个问题对我们而言是那么的让人震惊和不可思议：孩子可以要求自己的父母对自己做出什么尺度内的不讨人喜的举动？这句话听起来十分矛盾，因为在我们的经历中，孩子从来不会对父母提出这样的要求，他们只会要求父母们做出符合他们心意的举动。父母们有悖于孩子愿望的行为——即使这种情况只是暂时的——是不受孩子欢迎的，是让他们倍感厌恶的，是"恶劣的"。然而我依然认为，广义上来讲，孩子们始终有权利要求父母对自己做出一些不合自己心意，进而让自己恼火、厌恶的举动（当然是在孩子自己都没有意识到的情况下）。在孩子形成独立人格的过程中，父母们的这种举动是十分必要的，因为这种举动会让孩子的日子不再总是那么顺心如意，让他遇到阻力，而这种阻力正是孩子在严重、剧烈的矛盾中收集经验所必需的，理想状况下还可以让他们学会保持自己内心的平衡，这种内心的平衡包括树立正确的道德观。

孩子很早就知道，周围环境（对于这种环境的结构和历史，孩子并不了解）给自己提供的一切无论如何都不可能让自己完全满意。持久的保持幸福状态在今后是不可能实现的，以前也从来没有实现过——即使是还在母亲子宫里的时候。以前有一个假说，认为子宫里的状况是这样的，胎儿静静地躺在子宫里，被羊水的波浪轻轻地环绕着，胎盘和脐带为其提供生长所需的营养，对于胎儿而言，这就是他们的伊甸园，但是伴随着"出生时的创伤"，他们被驱逐出了自己的伊甸园。但是这一假说现在已经被新近的研究成果有力地驳斥倒了。举例而言，胎儿还在母亲子宫内的时候，就已经与自己的父母（或者其他外面的人）之间存在严重冲突了。许多证据还都证明，胎儿将这种不和谐的情况视为自己一生中最不愉快的经历。

孩子出生以后，情况也没有什么改变：对于觉得自己"缺乏的"或者让自己感到"讨厌的"的东西，婴幼儿通常会有很剧烈的生气和愤怒反应。并且从很小的时候，孩子们就能明白自己的父母也会有这样与自己相似的反应。或许是孩子们已经见识过了父母们这样的反应：给孩子换尿布的时候，父母的动作仅仅慢了那么一点点，孩子就将自己的便便弄得四处都是。对于这种情况，没有几个父母还高兴得起来。如果可以，父母们也想不发火，始终保持着温柔慈爱的形象，但是小孩子总是随时随地都会做出让成年人尤其是自己父母抓狂的事情。所以最终不管孩子的行为是有意还是无意的，父母们生气了，并且还会"让"孩子也"感觉到"自己生气的情绪。

对于那些将这种反应看得很严重的、想将自己的这种反应克制下去或者连根拔除的父母，我能给予他们的评价只有两个字——愚蠢，因为这种反应是再正常不过的人类应有的反应了。想要将这种反应克制下去或者连根拔除，这种宏伟目标估计只有上帝他老人家才能完成了，标准再低一点的话，至少也得有上帝一般的修养。我们这些再普通不过的凡人就不要再痴人说梦了，圣人般的完美境界之门对我们永远是关闭的——不过总是还有这样一些父母，他们一直在试图给人制造一种假象，他们是规则中的例外。

孩子到了一定年龄后就会有自己做错事了的自觉，更严重的还会一直觉得自己做错了什么——甚至是在自己根本什么都没做或者根本不知道自己错在哪里的情况下。我们将这种产生过早或过于严重的羞愧感称之为"极度羞愧感"（诗人弗雷德里希·黑贝尔最喜欢用的词），这种情感本身是一个值得深入研究的课题，虽然这种心理通常很隐秘（前面已经提到过的卡夫卡的《致父亲的一封信》就对这种心理有生动的描述）。[①]我将举一个例子向大家说明，在何种情况下，孩子会产生这种"极度羞愧感"：孩子的大便把婴儿椅弄脏了，让椅子散发出一种臭味，嗅觉灵敏的妈妈闻到了这种味道，随即对此表现出了厌恶的情绪，妈妈捂着鼻子给孩子收拾残局换尿布。这个过程中，尽管母亲的表情对孩子而言是陌生的，他不知道这个表情究竟有着什么具体的含义，但是他却能感觉出这绝对不是一种表示爱恋友好等积极感情的表情。毫无疑问的，母亲眼中慈爱的光辉消失了，取而代之的是一种厌弃自己的冷漠、反感或者愤怒。对于导致这种转变出现的原因，孩子也不得而知。此时，孩子很可能就会产生上述的"存在羞愧感"。我们还可以想象出很多其他与此类似的事件，会让孩子觉得自己被母亲憎恶厌弃的事件。不管我们决定如何对待出现在孩子身上的这种感觉，摆在我们面前的一个事实是，这种感觉已经在孩子身上出现了，已经成为事实了。

　　将发生在自己身边的事分为"对"的和"错"的，将自己周围的人分成"好"的和"坏"的，对于自己和自己的行为也以与之相同的标准进行区分，这几乎是每一个小孩子都会做的事情，由这种分类行为带来的情感上的波动也是小孩子必须要学会面对的事情。孩子的这种行为是每一个个体形成自我意识和自我感觉的基础（孩子会在意自己的身体特征，会有自己的心理感觉，会对事物做出美与丑的评价，会害怕暴露在众人视线之下、引起所有人的注意，如果不得不同时面对很多人，他会脸红等等），如果将上面这些例子的作用

---

　　① 卡夫卡非常明显地指出了小说《审判》的结局，K 先生被杀掉了（"像狗一样"）以后的那一句是："他死了，但这种耻辱将永留人间。"

再夸大一点,我们甚至可以说这些行为还是孩子培养自己"道德品质"的基础。

我特意谈到了"道德品质",即"拥有正确的道德立场"这一话题,我认为衡量父母对孩子的社会化教育成功与否的标准之一就是孩子在成长过程中有没有正确的道德立场。道德立场并不等同于道德评判,后者侧重于一个个体从伦理道德上对一件事物进行评判(根据基督教中的传说,亚当和夏娃是在偷吃了苹果以后才"能够区分什么是好的,什么是坏的";而我认为,人类的小孩不需要如此,因为他们有父母,称职的父母应该会帮助自己的孩子树立正确的道德价值观,从这个角度来讲,拥有称职的父母对孩子的健康发展是必不可少的)。

早期的心理学研究多注重研究孩子的判断力,即将孩子的认知能力作为研究的重点。而开创这种研究模式的人则是瑞士心理学家让·皮亚杰,1932年,他出版了影响十分深远的儿童研究方面的杰作——《孩子的道德判断》。如果想要对孩子的判断力有深层次的了解,那么首先要记住的一点是,儿童的判断力绝对不等同于他们的智力;断定一个儿童是否有判断力也不仅仅在于他是否建立了与他所处社会相适应的价值观体系,更重要的一点是他能否遵守他所处社会或团体中的相关规则。对自己所处社会或团体之中主流规则的认同必须是发自内心的,即这必须是自己"良心的声音",而不是简单地将存在于自己和规则之间的矛盾和分歧拿走就了事。

西格蒙德·弗洛伊德——精神分析学的创始人——并且还将该理论运用到了实践中。他认为,在每个个体的精神生活中都存在着一个"主管机关"或者"行省",而所谓的良心不过是这个"主管机关"或"行省"的一部分,被个体意识到了的那一部分,在弗洛伊德的心理专用名词中,这种良心被命名为"超我"。说到这里,我们不得不提到人的自我调节,对于我们而言,研究自我调节的作用——通常是由多种单一心理作用形成的合体——比我们原本认为的要有趣。对于孩子而言，父母（或者其他代替孩子亲生父母履行监护义务的人）一直都是他们所处社会、所处社会中的传统以及意识形态等方面的评议员。为了让孩子的社会化过程更加顺利，父母会强迫孩子做一些孩子原本不愿或不打算做的事情，但是等孩子逐渐习惯这些强迫以后，在孩子眼中这些强迫也就不再被称之为强迫了，即这些外来的强迫被孩子内在化了，而这种内在化正是孩子们学会自我调节的基础。出现在孩子身上的这种自我调节机制会给孩子树立一种"自我理想"，即为孩子提供一种"额定值"（人应该是高尚、乐于助人、善良的），这种额定值一旦确定下来，孩子不仅会将自己的实际行为与之相比较，甚至自己的愿望和打算也是向这种额定值看齐的，最终在这种额定值的影响下，孩子在自己的内心深处会树立一种价值判断观，即弗洛伊德将之视为"自我理想守卫者"的良心。在人类的漫长发展史上，公众自我形象和他们道德观念的发展证明了这一点；新教伦理学的传播也是有力的证据，社会学家马克思·韦伯将现代社会中的"职业道德"（包括勤奋、上进和遵守秩序）的产生和新教教义中的世界观联系起来了，他认为新教教义中的世界观对现行的这种职业道德的出现具有很重要的作用和影响。

比起由弗洛伊德提出并投入到使用中的某些概念，我认为弗洛伊德的很多实际观察和研究更为重要，尽管世人对这些著名的观察和研究尚存在争议，属于这种研究的其中一个就是，"超我意识"的强度应该和孩子受教育的强度有关，但是这种关联并不是一定的：对于父母施加在自己身上的教育措施，有的孩子会感到不满，因为有的父母会在教育孩子的过程中对孩子提出很高的要求，在他们身上寄予太多的期望，并会以父母的方式对孩子进行种种的限制，对此孩子的反应是愤怒和不满，有时甚至会对父母产生敌意。但是这种敌意通常并不会转变成实际的攻击性行为，因为对于孩子而言，父母太过强大了（以至于自己的攻击几乎没有任何胜算），在未来的很长一段时间内自己还要依附于他们才能在这个世界上存活下来，自己还爱着他们并且始终深信，将来有一天自己一定会对他们心存感激。父母的专制还有一种表现形式，那就是严令禁止孩子以任何手段、任何方式对他们的权威发起挑战或冲击。父母这样做的后果是：来自社会和社会代表（这里的代表就是指孩子父母）的专制（孩子通常只能接受这种外界施加在自己的身上的专制，因为他们没有能力也不被允许对带来这种专制的社会和人进行报复和反抗）会内化成孩子自身的专制，即"超我"，而更惨的情况则是孩子"'超我'会对孩子的精神做出许多攻击性行为，就像外界社会和孩子的父母施加在孩子精神上的一样"。①

专业的学术观点是这样的，"超我"（以及由"超我"衍生而来的良心）的形成主要有两个源头——孩子对被惩罚的恐惧和对父母的认同。至于两者谁更重要一些，就取决于父母对孩子所用的教育方式了。但是有一点却是确定无疑的，随着孩子攻击能力（反抗来自社会和父母的压迫的能力，其实孩子本身也更愿意压制住自己的这种攻击能力）的增强，社会化规则在孩子身上的内在化程度也逐渐增高，"超我"对孩子的影响力也逐渐变强（以他自己所处时代中常见的教育方式为研究对象——这种教育方式是弗洛伊德不能苟同的，因为他在这种教育方式中看到了父母的虚伪和双重道德标准，弗洛伊德得出了这样的结论，即使到了今天，弗洛伊德的这种理论仍被认为是该领域中的基本理论。）

与自己父母当初教育自己的方式相比，"新一代"父母试图用一种全新

① 同 P102 注释①，第 489 页。

的、更好的方式来教育自己的孩子。于是有些父母干脆彻底放弃对孩子的惩罚——或者至少已经打算这么做了，然而事实上，谁也不是圣人，父母经常会控制不住自己的情绪，以至于忽略了自己原本的原则，依然对孩子进行了惩罚，并且他们有时根本就没注意到这一点：当一个敏感的孩子面对母亲的愤怒时，他通常会认为自己就是那个导致母亲发怒的罪魁祸首（因为妈妈一直都那么努力地保持着自己温柔、慈爱的形象，所以她绝对不会无缘无故地发怒），会对自己的行为感到害怕（即使他可能根本就没有做出什么会让母亲生气的事情，母亲愤怒的原因也不是因为他，他会想："我又做了什么，以至于妈妈如此伤心、生气和愤怒？"）。还有另外一些父母则放弃了对孩子的行事准则或者仅仅给孩子树立很模糊的行事准则——这样一来，孩子就不知道自己的行为底线在哪里，哪些事该做，哪些事不该做，只有当父母板起脸时，他才知道，自己又做了过分的事情。如果父母能够用一种孩子听得懂的语言和方式将整个事件（有时命名并不是一件很复杂的事情）给孩子讲清楚，向他说明白自己生气的原因，那么情况的发展会好很多。

在上面的两种情况中，导致父母的教育方式都没有达到理想效果的原因主要在于，父母没有将"超我行为"和"自我功能"联系起来，决定做事方法时没有对现实条件进行核查，树立目标时没有顺带考虑完成这个目标所必须的条件，开始做一件事情之前没有仔细衡量过事成之后会带来怎样的利与弊——所有这一切思考过程都是有意识的，尽管在这思考过程中可能会有一些个体无意识的动机和愿望掺杂进去。

弗洛伊德自己以及他众多的追随者列举了一些十分简单的例子，向我们展示自我功能和超我控制究竟是怎么结合起来，进而共同发挥作用的。自我功能："我想在花园踢足球。天气怎么样？我有足够的时间吗？有人陪我一起玩吗？"超我控制："我可以这样做吗？爸爸会不会因此而生气？……"后一种问题并不是小孩子有意识地特意提出来的，而仅仅是一种存在于他们心中的模糊的不安感。弗洛伊德将孩子的心理活动比作一条单行道，在这条单行道上，超我就像是路障和栅栏一样，阻止着孩子的本能冲动行为——这种得不到外界（在父母的眼中，这种行为是错的，是被他们所禁止的）赞同和宽恕的本能冲动行为。"弗洛伊德没有考虑到的不是超我内涵与本我愿望之间的关系，而是其与自我目标之间的关系，"心理分析学家马蒂亚斯·赫什强调道，他还着重指出，父母有时会干扰孩子甚至干脆直接禁止他们表达自己的愿望："孩子们的有些目标是父母们不能忍受的，父母们一定会想方设法让孩子打消这些念头，这样的目标包括孩子想要实现自治、拥有独立完整的自我意识、能够自给自足等。这些目标并不是孩子毫无来由的想法，这之中渗透他们的超我意识。而孩子希望得到自己父母的爱则是他们的一个自我愿望……"[①]

总的来说，如果一个孩子能够明白下面的三个道理，那么他将更容易在这个世界上立足，更容易找到合适自己的发展之路和与自己父母和谐相处的方法。这三个道理分别是：

第一，自己的愿望，比如希望能够独立自主不再依赖他人（有时也可能是一些很简单的愿望，比如让父母不要再事事管着自己——对于现代社会中那些过于关爱自己孩子的父母而言，他们很难满足孩子的这种愿望），可以表达出来——表达出自己的这种愿望并不会让父母受到惊吓，对他们而言也不是过分要求，更不会被当做自己不再爱他们、背叛与他们之间关系的标志。总而言之，如果孩子一直坚持自己独立，并不断增大要求独立的呼声时，家庭内部的氛围不一定就会变差。

---

① 马蒂亚斯·赫什：《罪责和犯罪感》，哥廷根，1997，第90页。

第二，对于孩子提出的要求独立自主的愿望和与之类似的其他要求，父母不会毫不思索地就开出空白支票（这里的空白支票指那种由他人随意填写金额的支票，如果父母给孩子开出了空白支票，就意味着父母不假思索地满足了孩子的所有要求）；父母总会在一定程度上限制孩子的行为，因为父母一方面想要看着孩子幸福快乐，另一方面又对孩子有一定的期望（作为父母，对孩子怀有期望也是人之常情）。当自己与父母之间发生冲突的时候，要学会妥协，在理想情况下，适当的妥协可以让自己和父母重新和谐相处——当然，并不是所有时候都能如此，如果自己与父母之间的冲突不是自己让一下步就能解决的话，那么始终牢记着一点，父母才是有最终决定权的人。想要从根源上改变这种情况，唯一的办法就是你自己也成为成年人。

第三，自己有一千条一万条理由对父母感到生气，认为他们是市侩的、守旧的弱智，自己只是出于无奈才暂时向他们妥协，对于所有的孩子而言，这是一种很常见的想法，没什么好大惊小怪、难以启齿的。因此，孩子也就没有必要隐藏自己的这些感觉，但是可以考虑用一种更好的方式来表达自己的这些感觉。自己的实际行为方式一定要遵守父母设定的准则——尽管这些行为准则本身也不多，只有几条而已。在某些极其特殊的情况下，偶尔可以做出一些打破规则的举动，但是无论在何种情况下，当爸爸在睡觉的时候，自己哐当一声将门摔上绝对不是什么明智的行为。

即使是在面临着严重冲突的时候——这是人们共同生活中必不可少的事物之一，在不同的两代人之间，这种冲突尤为明显——也不要中断彼此之间的交流，唯有这样，冲突双方才能在互相尊重的前提下控制住局势的发展。

但是怎样才能真正做到如此呢？怎样才能让父母和孩子内心之间的联系经受住矛盾和危机的考验呢？这个问题的答案其实就是每个个体身上的第二

种机制，即存在于超我和道德观之间、存在于社会规则和价值观之间的自我认同感。有的父母会恐吓孩子，如果他们不听话，就将受到惩罚（以前最常用的也是最恐怖的惩罚方式就是体罚），比起用这种笨拙的恐吓方式让孩子服从自己，孩子的自我认同感似乎是一种更加微妙，更加有效，且时间持续更久的方式；由于自我认同感与个体文化层次的提高有关，并且以语言为基础，如果孩子能够和自己的父母打成一片，那么孩子与父母内心之间的联系也将更容易建立起来，即使他们有时候仍然会认为自己的父母很烦人、没有幽默感、思想守旧。

来自英国的心理分析学家约瑟夫·桑德勒（Joseph Sandler）写道："极其年幼的孩子是带着多么兴奋的心情地去模仿爸爸、妈妈、哥哥、姐姐的行为呀，现在回忆起这些场景，我们可以从中看出，自我认同在让小孩子感到自己是被宠爱的、让他们的内心保持着一种幸福的状态这方面是一样多么重要的东西呀。我们可以说，在小孩子的观念中，他们认为，自己对喜爱的权威人物（刚刚提到的爸爸、妈妈、哥哥、姐姐等形象）的关注会再被复制到自己的身上，以及这些人会因为自己对他们的关注而反过来关注自己，借由自己的这种行为，小孩子成全着自己的自尊心。而当他们得到了来自模仿对象的爱、肯定和夸奖时，他们又会进一步强化自己的自我认同行为。"[1]

在桑德勒的这段话中，第一句听起来似乎不是很合逻辑，但是小孩子的心理活动本来就没有遵循我们认同的那种常规逻辑，而是遵循着其他的规则，所以我们并不能就因此而否定桑德勒这段话的正确性。我们能肯定的是，桑德勒对于真实的情况进行了恰到好处的描写。桑德勒利用这段描写告诉了我

---

[1] 约瑟夫·桑德勒：《超我论》，收录于《心理18》，1964，第737页。

们一个十分重要的由他发现的现象——"反馈回路"，即孩子的自我认同感会在运转过程中不断增强的现象。

当然，孩子的自我认同感也不会总是在这种一帆风顺的情况下不断增强，有时也会遇到阻力。当孩子发现父母做出前后矛盾的行为时，尤其是当父母言行不一时，孩子会变得格外敏感。面对这样的情况，他们通常会感到十分吃惊。借用古罗马哲学家路修斯·阿奈乌斯·赛涅卡（Lucius Annaeus Seneca）的一句名言——他在谈到自己的非哲学式生活作风时，曾说了一句十分有名的话："指路人只会为他们指引方向，但是并不会亲自去走那条路，他们也没有打算这样做。"——我们可以对父母们的这种行为作出恰当的解释。每当我的儿子多米尼克揪住了我犯的一个小错误时，比如我在屋子中大声吼道："别那么吵，该死的！"他总喜欢用他那句不知道从哪儿学来的"至理名言"——"父母是孩子最好的老师。"——来斥责我。

当孩子发现了父母犯的错误，比如，父母又在唠叨个不停或者喝酒的时候，他们有权利指出父母们的错误行为。针对孩子们指出自己错误的这种行为，父母应该用一种幽默的方式来回应他们，尤其是当孩子们的指责并没有错的时候，父母绝对不能恼羞成怒。当然用幽默的方式来回应孩子们的指责并不意味着父母应该将孩子们的指责当做一个笑话来看，相反父母应该用严肃的态度来面对孩子的指责。父母可以而且也应该诚实承认自己的错误，并进行自我批评——但是如果父母老是犯错，且还老是被孩子逮个正着，然后再每次承认错误，进行自我批评，那么长时间下来的后果将是孩子的认知面会被毁灭，他们会对父母产生不信任和失望感。而这一切都会弱化孩子的自我认同，使孩子与父母开始背道而驰，孩子与父母内心之间的联系也就会随之出现裂缝，当这个裂缝到了一定深度以后，要想重新修复好自己与孩子之

间的关系就不是一件那么容易的事情了。

孩子自我认同的形成需要一些前提条件，而需要由父母提供的条件则是父母的坦诚和恒心，像柏洛托士（希腊神话传说中变幻无常的海神）那样的一个人，今天以这种形象出现，明天以那种形象出现，总是让人捉摸不透，是很难为自己树立一种积极正面的、受人尊敬的、让人赞赏的形象的。孩子也期待稳定，由于孩子的主观世界一直在发生着快速的变化（随着他们的成长和社会阅历的增多，他们对待事物的看法、人生观、价值观等各方面都在发生着剧烈的改变），他们的视角总是与前一刻不同，因此他们希望自己面对的人、所处的环境、看到的物体、和他人之间的关系是稳定的。那些因为在孩子的要求下而总是给孩子念着同一个童话故事以至于总是试图跳过中间某段的父母应该最能了解孩子身上的这种情况（他们渴望稳定的事物，甚至是一成不变的事物）。有些父母相信生活中的某些改变（比如居住地点的改变）是绝对有必要的，例如出于对工作的考虑，自己要搬家。对于这样的父母而言，他们在做出要改变当前生活现状的决定时应该仔细考虑一下，自己的决定对于孩子而言究竟意味着什么。我并不是说父母应该按照孩子的意愿行事或者给孩子否定自己决定的权利，而仅仅是父母真的需要思索一下，一旦自己的决定成为了现实，那么孩子必须做出哪些牺牲。如果父母最终还是坚持自己的决定，那么他们应该向孩子解释清楚，自己一定要那么做的原因。尽管将原因、利害向孩子解释清楚可能会让他们感到痛苦，但是比起用虚伪来对待孩子，父母们真诚的做法更容易让孩子接受。孩子们真的非常反感父母用虚伪的方式对待他们，因为这会让他们产生一种错觉，自己正站在由重重迷雾织成的帘子之后，为了看清楚隐藏在帘子之后的事情的真相（父母的真实用意和他们的利益），自己必须不停地去拨开这一道道厚重的帘子。

除却一贯性和持久性以外，"内化的道德责任"（即自我认同）能够正常运转还需要一些其他的前提条件。孩子养成自我认同的最基本前提是自我认同的主体——并不一定得是个孩子——必须曾经有过被迫与他人分开的经历；自我认同是一种通过象征性的距离上的再次靠近帮助个体克服被隔离感和异在感的方式。成年人很容易克服这种感觉——只要他没有患上严重的精神疾病，例如"精神分裂症"等——通常他们在不经意间就可以毫不费力地克服这种感觉，因为他们在童年时期就已经有了这方面的经验。与成年人相反，小孩子在遇到隔离、限制、义务等难题时，通常需要费很大的力气才能克服并熟悉他们，而自我认同则是这个过程中常被使用到的一种策略。

个体在与对手互动的过程中可以知道该愿望的极限是什么，可以为自己的愿望设定一定的限制，通过这种方式，个体的自我认同将得到进一步的提升，而这一点对于自我认同是很重要的。"当一个母亲从来不为自己的孩子设定任何限制，"杰西卡·本杰明（Jessica Benjamin）在自己的书《爱的枷锁》（这是一个很好的书名，不是吗？）中写道，"当母亲对自己和自己的利益进行全盘否定，当她对自己进行了完美的控制——这时她在孩子眼中已经不是一个有生命的生动的人了。"[1]她用下面的这些话对儿童心理障碍治疗学中的一些现象进行了高度的概括："当孩子能够尊重别人的独立的时候，他将获得对他而言可能比'控制感'更好的东西，也就是'与他人之间的情感上的亲密联系'。"[2]

但是这种过程的形成还需要仰赖父母的帮助。由于这本书不是写给孩

---

① 杰西卡·本杰明：《爱的束缚》，《心理分析、女性主义和权利问题》，美因河畔法兰克福，1993，第41页。

② 《Ebenda》，第42页。

子，而是写给父母看的，所以我现在将再次站到父母的角度上来阐释一下，父母和这种帮助之间究竟有着怎样的关系。这个问题的答案，现在无疑已经很明了了：只有那些明确自己作用、不过分美化自己角色的父母，才能给孩子提供有效的帮助。不过要将这样的一个角色扮演好并不是一件简单的事，可能是因为这一个角色几乎可以称得上是在围绕着两根不同的转轴旋转吧。

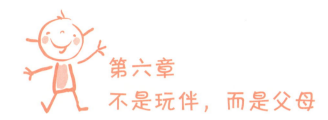

第六章
不是玩伴，而是父母

　　本书截止到目前为止，已经围绕着父母对孩子的期望这个话题进行了大量的论述，现在我将对此进行一下总结，对于那些已经下定决心要孕育孩子的父母，你们可以特别留意一下下面的内容：

　　首先，父母希望自己的孩子能够度过一个快乐的童年，希望与自己的童年相比，孩子的童年在任何一方面都要比自己的好——"我孩子的童年生活应该比我过得幸福……"

　　其次，父母希望自己的孩子喜欢自己，最好是真心地爱自己——因为孩子爱父母是一种与生俱来的本能，就算不是，那么退而求其次，我无私地为他付出了这么多，作为一种回报，他也应该爱我。但是真实的情况却是，父母们的期望往往落空，他们等来的只有让自己倍感心酸的失望（用民间俗语来说就是：人们永远也不要期望从孩子身上得到一样东西，那就是他们的感恩……）。

　　与此对应，我还将为大家展示一下孩子们的需求状况：

　　首先，对孩子而言，父母是他们的营养基，即为他们的生存提供必要物质基础的机构，是他们固定不变的、可以信赖的后勤供应部队——随着孩子的逐渐长大，他们的需求量也越来越大——同时父母们的这种提供是必须的。

其次，父母还是孩子的训练伙伴，即一个（有生命的）反应机构。在与父母持续的互动中，借助父母的帮助和提醒，孩子不断地提升自己的各种技能，通过各种各样的实践，孩子们收集生存以及更好生活所必须的经验，从错误中吸取教训。

直接将父母对孩子的期待以及孩子对父母的要求陈列下来，我们可以一目了然地发现，父母与孩子的立场不同，他们对问题的看法自然也不相同，所以他们之间的利益并不能完全吻合。如果父母与孩子都不能妥协，不肯转变自己的立场或者迁就一下对方的利益，那么这两个群体的利益肯定不能得到相同程度的满足，即使父母与孩子之间尚存在一些"交叉元素"。在刚才的对比之中，我们可以看出，在父母的期待之中，第二种期待是"自己的孩子要爱自己"，而在孩子的需求之中，孩子需要父母扮演的第二种角色却是自己的训练伙伴，当父母的第二种期待和孩子的第二种需求相碰撞时，矛盾也就应运而生了，这也是导致父母与孩子之间利益出现分歧的最重要原因。如果是在网球课上或者是滑雪训练班中，父母们应该很乐意成为孩子的训练伙伴吧。但是生活并不是只有打网球和滑雪，所以问题依然存在。更惨的是，即使是在某些训练过程中，有的父母还和孩子之间存在着矛盾。在这种情况下问题就变得相当棘手了。但是不幸的是，这种状况在父母与孩子之间的训练中的确经常出现。让我们看一下事实真相吧：成年人（通常是父母，并且还是那些支持"仅仅没有坏感觉"思想的父母）期待一个与孩子共聚的温馨时刻，但是正在成长中的孩子却想去参加一场拳击比赛，因为在这种拳击比赛中他可以学习如何更好地控制自己的力道，如何更好地发力使力。如此一来，一个两难的境况就出现了：如何才能将"渴望与孩子亲近的"和"好斗的"这两种迥然不同的行为模式协调一致呢？

其实，归根结底我们一直都在讲存在于父母与孩子之间的分歧和矛盾，以及这些分歧和矛盾的表现方面和不同的表现形式。现在，我将对这些矛盾和分歧进行总结和概括，并在接下来的内容中，和大家共同探讨能够解决这些分歧和矛盾的方法和手段。

最先要声明的一点是：当父母与孩子的关系陷入困境时，唯有父母或孩子中的某一方先妥协，即父母降低自己对孩子的要求或者孩子放弃自己的某一部分利益，他们之间才有解冻的可能，如果双方都一直僵持着，那么境况不会有所好转，更不用说进一步的发展了。由于牵涉其中的利益双方，其实力是不同等的，所以事情的发展通常会有利于实力较强的那一方，而实力较强的一方通常是父母。父母们从来不知道放弃任何权力，做出任何让步，但还一直标榜自己将孩子放在了与自己同等的地位，自己给予了他们应有的尊重，其实，如果父母真的想与孩子建立良好的互动关系，那么他们必须放弃这种想法，在与孩子的相处中，才能一直保持自己的优势地位。如果他们真的还是一如既往地、肆无忌惮地想要掌控自己与孩子之间关系的主导权，他们也必须考虑到孩子的利益和兴趣——因为父母是孩子的托管人，至少需要对孩子的生活负责。通常情况下，那些父母，至少是此时此刻的父母，他们已经为自己人生的再定位做好了准备工作——至少在理论上已经做好了充分的准备。但是在现实生活中，即使父母们已经做好了准备，出乎他们意料的事情还是时有发生。

现实生活中，仅从父母克服自己与孩子之间基本冲突这一项事务中，我们就可以发现父母在精神上要承受多大的压力：不管父母是否占有优势，他们都必须承认，孩子的利益比自己的期望重要。父母的利益与孩子的利益总是不一样，而由这种分歧引起的冲突也不可能总是被粉饰太平；另一方面，当孩子的利益和父母的利益发生冲突、需要寻找一个折中之法的时候，与其只让大人们（爸爸和妈妈）在那里绞尽脑汁思索，还不如让孩子也一起加入到讨论之中，共同寻找一些新的解决方法。孩子希望自己的未来是舒心惬意的，父母希望有更高的收入，这两种利益根本就不是同一重量级的，紧迫性和重要性也不可同日而语，所以只有在极少数的情况下，这两个人群的利益才有可能站在统一战线上。在对孩子和父母的利益进行衡量时，最好是开始衡量之前，一定不能忘了这一点。所以父母自始至终都要做好"向后退一步"的打算，并始终保持这样一种姿态，他们离所有的利益之争都保持一定的距离。但是，父母也不能总是一直选择让步，如果当自己的情感需求与孩子的利益相冲突时，孩子总是选择自己原本想做的事情，忽略父母的感受，那么父母们最好不要再继续纵容自己的孩子。

如果您觉得最后这两句话过于理论化和书面化，那我也可以换一种通俗易懂的说法：父母们必须放弃这样一种想法，用自己溺爱式的让步换得孩子对自己永久的爱。孩子的反抗是一件让所有父母都十分难以接受的事情，但是这也正是孩子和父母双方都需要学习的一件事情：孩子学会如何用一种更易让父母接受的方式表达出自己对他们的不认同和反抗，父母则学会用一种更坦然的形态去面对孩子对自己的反抗。父母一直养育着自己的孩子，所以对孩子有所期望也是人之常情（从这种角度上来讲，孩子在精神上也"供养着"自己的父母）。尽管如此，父母们还是必须得容忍一件事情，那就是孩子经常会用抗拒的态度来回应父母的期望——这也是孩子摆脱对父母依赖性的最后一步，这一步十分重要，也十分必要。

　　有一件事读者们必须明白：对于孩子而言，最终能拥有独立自主的性格是他们成功找寻自我、摆脱对父母依赖的最好证明，因为这代表着他们可以用自己的力量去掌控自己的人生了。但是从父母角度出发的话，看着自己的孩子逐渐拥有独立自主的能力，逐渐养成独立的人格，生活中遇到困难时，可以用自己的力量去解决问题，而不是像小时候一样，凡事都要求助于自己，并不是一件会让父母感到十分幸福的事情，孩子们的各种行为对于父母而言某些时候并不是什么"奖励"。当自己的孩子已经能够独立的时候，对此还能保持谦虚态度的父母，他们身上拥有一样十分重要的品质，那就是他们的心中始终有一个愿望：成为"足够好"的父母，能给孩子"足够好"的教养。那些一直想成为"更好的"父母的人群，他们通常十分不满意于自己在辈分更替的过程中成为多余的人群。这群人在教养孩子的过程中，往往会做出更多不利于孩子发展的事情。

　　但是对于那些想要成为"足够好的"父母的人群而言，他们还必须要学会使"坏"。这种看起来似非而是的理论无非也就是针对父母那总是不断变化的角色而言的，尤其是父母这需要扮演的第二个角色——训练伙伴。面对这样一个父母这样一个对手时，孩子可以用玩乐的态度去和他对抗——同样不用那么严肃对待的还有训练的目的——还可以犯些错误，因为不是正式的比赛，所以某些失误是可以被允许的，但是有些"错误"最好不要犯，尤其是在室外，如在野外猎场这种活动场所，因为这里本身就潜藏着很多危险，任何一个失误都可能带来很严重的，有时甚至是致命的后果。为了避免孩子出现这种危险失误，最好的方式就是用实际操作向孩子来演示这种失误，让他们从演习中学习到经验和应对措施，而不是让他们在没有任何准备的情况下

直接去面对那些危险。

在这样的训练中，父母必须先向孩子讲明，需要注意的事情有哪些，必须要遵守哪些规则。孩子在听了父母的讲述以后，能明确地区分，在训练过程中，哪些行为是被允许的，哪些行为（"犯规"）是被明令禁止的——孩子还必须明白，谁是必须要参加这种训练的，谁是陪练，是为自己服务的（参加训练的双方，其地位和作用是不对等的）。如果上述的一切都顺利进行了的话，在一场拳击比赛中，出拳和肘击都应该是会合乎拳击比赛规则的——用拳头和肘去攻击对手腰以下的部位这种打法应该尽可能少地出现，最好不要出现（如果孩子真的这样做了，应该将其视为违规行为，可以在必要的时候给孩子一定的惩罚）。父母这样做，可以让孩子认识到，自己接受的训练是有一定成效的，且自己取得的成果是被父母认可的，自己被父母严肃地对待了，而不只是他们眼中的一个小闹剧。在这样的训练中，他们还可以得到一些其他的收获——成为某一个协会的会员，在训练的过程中他们可以结识与自己有相同兴趣爱好的人群，甚至和协会中某些与自己志同道合的友好的人成为朋友。孩子可以和这样的朋友畅所欲言，他们可以共同讨论自己的雄心壮志，不必刻意隐瞒自己想在未来的某一天用自己的双手掌握自己命运的愿望。当然，这一时光总有结束的一天，一个人很难是某一个体育社团的终生会员，在那里结识的朋友自然也会在某一天分道扬镳——每一个人都有一条自己要走的路，也都有自己要完成的事情，然后在另一个机缘巧合之下，又会加入一个新的团体，如此循环往复。

对于一个从一开始就比自己强的训练伙伴——无论是体力还是实战经验都占有优势的那种——我们还必须考虑到他会陪我们训练的时间期限。接受训练的人越强大，他接受下一轮强度更大的训练的时间也就越早。"现在一切顺利，你的竞技状态已经足够好了，"教练，也就是拳击裁判如此说道，"现在你可以离开这里到其他的地方继续接受更高层次的训练了，对你我已经倾囊相授，没有什么其他的再教了。但是你还是可以和我保持联系，有空的时候写信或寄明信片给我，如果愿意，你还可以偶尔来找我喝杯咖啡叙叙旧。我将很乐意听到来自于你的消息，知道你以后的境况——希望你的体育生涯发展顺利。但是我们之间共同训练的时光，只能到此为止了。永远地结束了。"

假如一切从整体上而言进行得还算顺利的话，教练现在可以放心地笑了。或许他还会略带尴尬地玩弄着他的帽子，克制着自己的情绪，加上几句这样的话："另外，我想说的是，和你一起度过的时光很美好。虽然我们经常扭打在一起，但是你从中学会了很多东西，我们互相为对方制造乐趣。当然，除此之外，我也从中学会了一些东西……"

如果一切从整体上而言真的进行得还算顺利的话，接受训练的学生会带着冷笑对教练的话表示赞同，回上一句："你说的没错，老家伙。"

但是现实中的真实情况却并不是如此。对于很多家长而言，这种类似于"体育俱乐部的家庭"太过于生硬和冷酷，太注重父母与孩子之间的那种争斗——他们怀念家人之间温和的互动、柔软的话语。在我的观点中，我认为存在于父母与孩子之间的那种二维模式关系中，父母发挥营养基的作用是他们得到"感情回馈"（等于爱）的前提条件。尽管如此，有些父母还是保留着一些其他的观点。常见的例子有："我想成为我家孩子最好的朋友。"父母带着这种愿望希望和孩子可以和谐相处，想成为孩子最好的朋友而不是作为父母进而可以乘机摆脱一些自身应该承担的责任——回避自己父母的身份以

及深植于心中的冲突——但是父母就是父母，不是孩子的朋友。换一个角度来讲，真正的朋友十分重要——如此的重要，以至于朋友的这个位置无论如何也不能被自视甚高的甚至连自己的问题都处理不好的父母抢占。因为一旦父母们的阴谋成功了，那么孩子以后可能也会成为像自己父母一样的人。"如果父母对待自己的孩子是用对待朋友的那种方式，而不是用一种对待未成年人的方式，那是因为他们通常抱着这样的一种想法，希望自己的孩子能够成为一个十分具有创造力的人。而另外一些人的动机则是，让自己的孩子知道，自己是多么的知心，多么的乐于帮助他们，因此孩子应该永远无条件地爱他们。他们相信，只要这样做，他们就既不会失去来自客体（孩子）的爱，也不会失去客体自身（孩子）。"①

朋友（兄弟姐妹也一样）可以陪伴一个人一生一世；他们之间的关系是"同步的"，他们之间的关系的亲疏远近不会发生改变，即使真的变了，那也不是因为时光流失的关系。其实，这是一种错误。父母与孩子之间的状况则与此相反，因为他们之间总是存在分歧，就算现在没有，以后也会出现，他们之间的联系理应会发生变化，也一定会发生变化。

如果有父母想要打造一个让自己和孩子双方都十分满意的互动关系的话，下面的这些"训练规则"对他们而言有着十分重要的意义：

·起点是接受至少正视自己与孩子之间的冲突。这种冲突是无法避免的，其起因是深植于事物本身的，也不是只要愿意努力，就可以解决掉的（这个问题的答案就是："没有答案。"也就是说：冲突就是那样无可避免地存在着——并且对此再也没有什么可说的了！）。

·"争吵是一定会存在的"——让人沮丧的情绪是必要的成分，是"生

---

① 同前言 P2 注释①，第239页。

活的调味品"；只要有冲突出没的地方，就一定会有争吵、沮丧等出现。我们越是要排除这些负面因素，这些负面因素反而越容易对我们造成不利影响；与其这样，我们还不如选择一种更好的解决之道，那就是正视并真挚地接受它们的存在，然后在条件允许的情况下，一步一步地逐渐控制它们。

•界限的存在是通过逾越行为而得到证实的。界限本身并不重要，重要的是为了打破界限而进行的斗争。当然，每一次当孩子试图做出逾越界限的行为时，我们都不能让他们无功而返——至少，我们要和孩子进行一次以澄清事实为目的的交谈，让他们知道当他们做了逾越的行为时，会有什么样的后果。但是这一切都是基于父母与孩子相互尊重的基础之上，如果没有这个前提条件，那么结果很可能会不尽如人意。

•只设立必要的禁令，但是对于这仅有的禁令，要严格遵守。对孩子实行必要的制裁手段是必须的，目的是要孩子下次不再犯同样的错误，可以把事情做得更好。羞辱孩子或者一再地强调自己的权力地位，自己有权制订孩子的"行事准则"（"因为这是我说的！"）只会让制裁失去原本的意义，达不到必要的效果。父母们故意去模糊自己与孩子的不同地位、权力和利益的种种尝试行为（"让我们握手言和，再次成为朋友吧……"）同样也会让制裁手段失去原有的效果。

•孩子应该在自己力所能及的范围内分担一些家务，全方位地融入到家庭生活之中。这种体力劳动是要孩子明白在家庭生活中，必须要承担的责任和义务。"来自我们这些中产阶级家庭的孩子，他们的跨文化交际能力、体育技能和音乐方面的才能，在我们的强力要求和大力培养下，都已经得到了很好的发展。但是，其他方面的技能就差得远了。这些技能主要是一些完成'最基本'任务的能力。通常让孩子们做这些事情的时候，比如让孩子为家人准

备一桌简单的饭菜、帮忙洗一下衣物、照顾一下年幼的弟弟妹妹或者学习如何系鞋带，他们会觉得父母在让他们做一些没有意义的、根本不重要的事情，但也正是因为孩子，甚至还有些家长抱着这种想法，最终导致孩子们变得眼高手低，最基本的生活技能他们反而不会了。"[1]

· 处罚和制裁是有区别的，在这里我将举一个例子为大家更好地解释这二者之间的区别：处罚是这样的，如果亚历山大（作者的儿子，前文提到过）没有戴头盔就骑着自行车去参加足球训练的话，我可以减少他下周的零用钱的数量。制裁则是另外一种情况了，当下次他又要骑着自行车出门的时候，我可以和他一起走到车棚，一直看着他，直到他真的戴上头盔为止。

· 自己与孩子之间的冲突以及克服这种冲突的过程和方法并不是什么禁忌话题，相反，它们还可以成为自己与孩子的谈话主题——尤其是当自己和孩子都不知道该如何处理这种关系危机的时候。人无完人，所以每一个人都有犯错误的权利，当然，同时也有义务，向他人说明自己为何会犯这种错误——这一道理适用于所有人，所以当然也适用于已为人父母的人群。当一位父亲因为自己毫无道理地向孩子发了一通火以后，他需要请求孩子的原谅。这是一件再正常不过的事情了，他不需要为此感到丢脸。当他向孩子解释完为什么他会发火以后，他通常更能得到孩子的原谅，并且与孩子之间的相互理解也会有更深层次的发展。孩子们通常都很好奇，他们会乐意听自己的父母讲述这样的事情，并且他们通常都能够理解成人们的行事动机，他们的理解力要比我们所以为的好得多。

· 现在市面上关于儿童教育的参考书籍很多，其中一些参考书籍主张，

---

[1] 《Ebenda》，第 200 页。

父母应该尽量少在孩子面前展示自己的情绪——这其中以"戴克斯学派"①为代表（他们著了很多宣扬此种观点的书籍，这些书籍甚至还有传播范围越来越大的趋势），他们一直在大肆鼓吹这种观点——基本上我认为这种论调全是一派胡言。只有当父母不再隐藏自己的感情波动，而是将这些感情波动吐露出来的时候——尽管这样做有时会让父母感到尴尬或受伤，因此有时他们并不太乐意这样做——父母与孩子之间才能有更进一步的互相了解，就像上一段内容（父母因向孩子发火而祈求他们的原谅，并向他们解释清楚事情的缘由）中描述的那样。

•父母在说话的时候应该多以"我"来开头——并且当孩子做错事时，父母的批评应该尽量做到与客观事实相符，要对事不对人，一定不能做的事情就是贬低孩子的人格和能力。我们有时可以这样说："这真让我难以忍受，如果你继续这样做的话"，而不是直接对孩子吼道："你一点都不可爱了，对于父母而言，你简直是一个恶魔！"或者与之类似的话。即使到了现在，我已经成为一个有自己家庭和孩子的人了，我还是会想起我们小时候，父母对我们说的一些恐吓我们的话："如果你还这样做的话，你将再也不是那个听话的、我所喜爱的乖孩子了。"其实，这样的话父母应该尽量少说，因为这种话对于孩子的成长并没有好处。

•即使是孩子，他们也有自己独立的人格，他们会根据自己的意愿做出相应的行为，他们会对事情持有自己的观点和看法。按照美国话聊心理咨询师卡尔·R.罗杰②的说法，人们将孩子身上具备的这种观点和看法视为"需要给予绝对重视的事物"。

---

① 同 P5 注释①。

② 他的主要作品是《人格的形成》，即使以今天的眼光来看，这本书也十分有阅读价值。斯图加特。

·尽管如此，父母在某些时候还是不能绝对地尊重孩子的意愿，对孩子放任自流，让他们完全按照自己的意志行事。父母还是应该为孩子设定一些明确的行为底线，规定有哪些事情是绝对不能做的。如果孩子对这些行为底线视而不见，那么父母有必要也有权利对他们进行一定的处置，至少可以和他进行一场开诚布公的谈话，向他说明，我已经注意到你的过分行为了，并对此发表自己的看法。当然，针对孩子的逾越行为，父母还有很多其他的回应手段，比如对他们的行为施以适当的制裁，甚至惩罚他们。但是不到最后，最好不要轻易动用惩罚手段。因为孩子也有脾气，而父母们的惩罚无疑会激发孩子们的脾气。父母有时甚至也可以使用一些本身并不太好的手段（其实不到万不得已，父母最好不要使用这样的手段）：让孩子对自己的尊重和爱建立在一定的前提条件下（"如果你再这样对我的话，我会离家出走，并且永远也不会再回来了……"）。这样，孩子在半是玩乐半是严肃的情况下，可以累计自己的人生经验——并且如此反复的次数多了以后，当他们明白自己即使这样做（例如离家出走），也不会改变父母的看法和对某些事情的坚持以后，他们也就没有兴趣再做出类似的事情了。

讲了这么多，但是最重要的一点就是，无论在什么样的情况下，都不要断绝自己与孩子之间的交流（比如直接冲回房间，随即锁上房门，不再理会任何人的任何说辞）。如果自己与孩子之间的关系真的陷入了僵局，那么使用幽默不失为一种比较不错、相对有效的破冰之法。即使没有缓解自己与孩子之间僵持的关系，至少也不会让彼此之间进一步恶化。幽默可以缓解双方过于激动的情绪。其实父母偶尔幽默一下，比如自我嘲讽一下，并不是一件十分难以办到的事情。当然，我这里所说的自我寻乐并不是指父母要像一个小丑一样地做出很多滑稽的事情。孩子的分辨能力其实很好，甚至可以说他们在这方面十分敏感。

关于孩子是否敏感这个话题，我可以举一些例子佐证我的观点。当时多米尼克（作者的儿子，前文多次提到过）还不满 7 岁，有一次我和他发生了一些摩擦，为了缓解矛盾，吃晚饭的时候，我就讲了一个十分滑稽的小故事，这个故事果然将多米尼克逗笑了。他笑得如此的剧烈，以至于眼泪都快要流出来了。笑完以后，他随即叹息着说道："爸爸，这是一个非常好笑的笑话！"

"那当然，我从来都只讲好笑的笑话。"我没有意义地回道。

多米尼克："这是一个恶作剧。"

我列举了不少例子向大家讲述教育孩子的道理，将这些道理总结起来也就形成了名为"权威式教育"的教育理念（权威式教育区别于专制式教育和溺爱式教育，后两种教育模式都没有正视、合理地对待孩子的真实需求，而只是用不同的具体手段维护着父母在孩子面前的优势地位——不过结果是否更有效就不能确定了，父母想用这样的手段维护自己的地位，但是他们这样的做法最终反而让自己陷入了无助的境地，甚至连想推脱责任都不行，因为这是他们咎由自取）。"专制式教育和溺爱式教育的具体表现手段有着天然之别，但是尽管如此，这两种教育方式在本质上却有着很多相似之处——隐藏在这两种教育方式背后的父母们的心理想法和思考模式是相似的，而会选择用这两种教育方式来对待自己孩子的父母，他们的自我监督意识和责任意识明显是不够的，因为这样的父母，他们都没有设身处地地为孩子着想过，究竟什么样的教育环境才是对孩子的成长发展最为有利的，更不用指望这样的父母为孩子打造一个有利于他们成长的环境，对孩子持有合理的期望（父母对孩子的期望如果把握在一定的合理范围内的话，对孩子的发展是有利无害的），在孩子需要帮助的时候给予他们必要的援助。"与上述的两种教育方式不同，接受权威式教育理念的父母会提前给孩子制订一些固定的行事准则，规定出孩子的行为底线，但是同时也接受孩子与自己开诚布公地讨论这些准则和底线。如果孩子对这些准则和底线提出质疑的话，父母会和孩子进行明确的交流，向孩子解释制订这些（通常是合理的）规则和底线的原因。溺爱式教育与此刚好相反，采用溺爱式教育方式来对待自己孩子的父母可以说是几乎没有任何原则的；专制式教育中则是，父母任意妄为地为孩子制订出各种各样的规定，这通常会让孩子产生一种感觉，父母制订的那些规定是没有任何理由和意义的，他们只是想要那样做而已。"①

如果手头上的资料太多，且能够使用的表达方式又不止一种的话，通常情况下人们都会选择一种最便于掌握的表达方式来表述自己的观点。我也是如此，所以我想用一句十分精辟的话来对这一章节的内容进行总结，概括出权威式教育的三个特点——经过一番苦思冥想之后，我想起了三个词，这三个词皆以辅音字母"K"开头，这样的话读者们将更容易记住权威式教育的这三个特点。让我们用这三个以辅音字母"K"的单词来总结出这一章节内容的精髓吧：权威式教育与其他教育模式最大的不同点就在于权威式教育坚持将稳定性和坚定不移相统一，同时清楚明白地贯穿其中。（在德语中，稳定性的写法为Konstanz，坚定不移的写法为Konsequenz，清楚明白的写法为Klarheit，这三个词皆以辅音字母K开头。其中稳定性指父母们制订的那些规则不是朝令夕改的，而是稳定的；坚定不移指父母要督促孩子一直遵守这些规定，而不是时而违背时而遵守；清楚明白是指父母和孩子都要明白为什么这些规则的存在是必要的，违背这些规则会对孩子产生什么样的不良后果，

---

① 同 P129 注释①，第68页。

让孩子明白父母的初衷，而不要让他们以为，这一切规则都是父母们随兴所至时随便制订的。）如果父母们接纳了权威式教育理念，那也就意味着：为孩子制订的规则——只制订必要的就好，应该尽可能地减少不必要的规则——必须是被长期保留的，不可以轻易就被取消或替换掉，违背这些规则是会带来严重后果的（这一道理同样适用于父母），在共同生活的过程中，父母和孩子都用提前制订好的规则来约束自己的不当行为，关于这个过程——这是人为制订的规则，是人力所达到的成就，既不是神的旨意，也不是天然存在的自然规律——在父母和孩子愿意的情况下，他们随时可以对这一过程进行公开讨论。父母提出自己的观点，然后倾听孩子的不同意见，然后去验证孩子所说的是否正确，如果正确，父母要选择接受孩子的观点。有时就算孩子们的意见并不是完全地无懈可击（这些意见只是有一定的"建设性"），这些意见最终也不会被采纳，但是父母至少应该允许孩子们表达出自己的意见，并用实际行动去验证他们的意见是否合理。这一点十分重要，因为借助父母们的这种行为，孩子们可以知道，自己的观点还是可以对父母产生一定影响的，自己的话还是有一定作用的。并且通过这样的认知，孩子们可以知道，自己的父母对待自己的态度是认真的，而不是把自己当做一个什么都不懂、可有可无的存在。

有一次，我的妻子要到国外出差——当时我家的那两个孩子一个是8岁，一个是11岁——所以我就给了孩子们一次锻炼的机会，让他们自己安排自己的周末时间活动。为了让自己能够更合理地按照计划走下去，他们制订了一张十分详细的日程表，上面写着他们应该在几点的时候做什么。对这些具体细节我不发表任何自己的看法，我只是和他们坐在一起，就一些大的框架条件达成一致就可以了：例如他们度过这个周末需要花掉多少钱，他们每天能够看电视或上网的时间上限等等。我和孩子之间的"圆桌会议"在很短的时间内就取得了预期的成果，双方达成了一致意见。然后在孩子们的努力下，这个周末顺利地度过了，甚至连平时经常出现在这两个小兄弟之间的争吵——这是最让我害怕的事情——都减少了。显然，这次分工合作促使两个孩子之间建立了亲密的关系，这种亲密关系是一种战友般的情谊，而不仅仅是一种竞争者之间的关系。很多时候，我都不需要发挥很大的作用，这两个小家伙自己都能把事情搞定——除了在购物的时候，1.5升装的那种大瓶可乐需要由我来扛着；此外，还有一件事情使我感到非常吃惊，那就是这两个小孩子竟然可以那么聪明、做事那么认真谨慎（在周末即将过完的那个晚上，我们去看了电影。回来以后进行了"财政结算"，结果发现，这两个小家伙没有任何超支，当然也没有任何结余，完全按照事先计划的那样，将"财政预算"合理地分配完毕）。从这次的经历之中，我明白了一件事，我已经可以放手让自己的孩子安排自己的事务了，我对他们充满了感激之情：家人之间发生口角甚至激烈的争吵是家庭生活中必不可少的一部分——但是言归正传，如果我们的家庭发生了什么重大的变故（比如，我和我的妻子某一方甚至双方都得了重大的疾病）我们也可以对孩子放心了，他们还可以安排自己的生活。

对于孩子这方面的能力，我和我的妻子还是满怀信心的。

我自己身上有很多不足之处——我不够有耐心、我反感孩子们的无意义的玩闹、厌恶他们的顽皮和偶尔的骄纵。并且我很确定，由于这种原因，我或多或少地会放纵自己遵循一些其他的原则行事。至于这些原则究竟是什么样的，我将在本章结尾的时候向读者们解释清楚。

大约在西格蒙德·弗洛伊德及由其创立的精神分析学出现的半个世纪之前，大哲学家阿图尔·叔本华曾经这样写道：

"我们应该用宽容的态度去对待他人的愚昧、恶习和不道德习惯，我们应该抱着这样一种想法，就像我们曾经设想过的那样，将这一切都当做自己的愚昧、恶习和不道德习惯；因为这些都是人类的通病，我们看着别人犯这样的错误，自己也不例外，如果一个人因为别人的这种类型的错误而愤怒不已，不肯原谅，那只是因为他自己身上的这些劣根性还没有显现出来而已；它不是停留在一个人的外表上，而是深埋于心中，遇到合适的契机时，这种劣根性就会从我们的身上猛然蹿出，让我们变成一个连自己都感到陌生的人，所有的一切都只是自己看着的正发生在别人身上的事情……①

---

① 叔本华，论说文集：《哲学小品》(1850)，收集在《叔本华作品集》第九卷，苏黎世，1977，第331页。

第七章
孩子最好的朋友

　　意大利籍导演南尼·莫瑞提（Nanni Moretti）曾经执导过一部在影评界受到高度评价的分段式影片——《亲爱的日记》（原名为 Caro diario，于1993 年发行）。这部影片中，主人公在《群岛》段（电影的第二段）中到达了利帕里群岛（第勒尼安海中的火山岛群，属意大利。位于西西里岛北岸近海区）中一个名叫沙利纳的小岛上。在这个岛上，当一个人想通过电话与另一个人通话的时候，他必须保持极大的耐心，因为这里的小孩子如同无人管教的齐天大圣，任意胡为，一天到晚守在电话机旁，截听打给父母的电话，还非要打电话的人扮鬼扮马扮各种动物的叫声才向自己的父母传达他们的电话。电影详尽描绘了接电话的小孩子是如何要求来电人员学动物叫的，其中有狗的吠叫、猫的喵喵叫，还有长颈鹿交尾时的叫声等等。对于打电话的成年人而言，这还真是一项艰巨的考验。在南尼·莫瑞提执导的这部电影中，一个打电话人最后几乎是乞求接电话的孩子："马可，看在上帝的分儿上，快把话筒交给你爸爸吧……"这部电影让人们发现：在赛琳娜岛上，只有独生子女，而且这些独生子女还都被宠得无法无天。

电影中的这种荒诞可笑的故事情节很可能就是我们未来生活的真实写照。世界上人口最多的国家——中国——现在正在推广一项引人关注的、也颇具争议的政策：计划生育政策，中国政府欲借助这项政策来扼制人口的增长速度，控制中国人口数量。这种政策的推行同时还导致孩子不可能有兄弟姐妹——因为，这项政策规定每一对夫妇只能生育一个小孩儿，否则他们将受到国家法规的制裁。即使现在已经有人开始讨论这项政策是否还有继续存在的必要，是否还应该继续推行，但是在短时间内，这一政策势必不会被取消（有人认为这一政策有必要继续推行，因为与中国邻国印度想比，这一政策还有其存在的价值）。在21世纪的某一天——忽略极少数例外情况——中国估计只存在独生子女了。从心理学的角度看，这样的情况会对社会上的人群造成什么样的影响，我们目前尚不能预知。

人类学家弗兰克·罗伯特·费维罗（Frank Robert Vivelo）曾经这样写道："在任何一个充满人道主义的团体或组织中，人们都不会承认，仅有孩子和母亲就能构成一个独立完整的社会单元。'母亲＋孩子'的这种单元仅是家庭这个集合中的一个子集。"① 回顾历史，我们会发现这句话很有道理，但是在未来，情况或许会完全不同——在中国和世界上其他一些地方：独生子女家庭正在成为主流，即使在德国，情况也是如此，难道手足之情已经成为历史了吗？

下面是一些有关联邦德国的数据：在被统计的3700万家庭中，只有稍多于1300万的家庭拥有孩子——即拥有孩子的家庭明显是少数。而在这些有孩子的家庭中，独生子女家庭所占比例为51%，这一比例还有不断上升的趋势，这样的家庭显然占了多数。同样在不断增加的还有单亲家庭的数量，而单亲家庭中又以单亲妈妈居多，同样处于上升趋势的还有单亲家庭的数量：

① 同 P36 注释②，第246页。

2000 年的时候，德国约有近七十万单亲妈妈独自抚育着自己的独生子女。

　　关于"兄弟姐妹"这一主题，我们有很多可以讨论的素材：第二次世界大战结束后，在随后的 50 年中，德国再没有主导或参加过任何对外战争。但是在 1999 年的时候，当时的德国外交部长约瑟夫·菲舍尔（Joseph Fischer）主张并最终成功地让德国展开了对其他国家的军事行动，这也是二战后德国的第一次对外军事行动——与北约集团其他成员国一起对塞尔维亚（当时属南斯拉夫共和国）展开大规模的空袭。仅仅在这之前不久，即 1999 年初的时候，约瑟夫·菲舍尔还对他的绿党成员们喊道，现在的人们肯定早已经忘记了早些年流行过的居家集体文化了吧，他号召德国人民再次重视起这种文化。在约瑟夫·菲舍尔发出号召的随后一年中，成千上万的德国人，其中大部分是 14 ~ 18 岁的年轻人，开始考虑尝试一下自己以前从没有过的经历——从家中脱离出来，与父母分开，找几个年龄差不多的人共同租借一套住房，过着同样的生活，就像 RTL2 台（RTL 集团，总部设在卢森堡，是欧洲最大的专营电台和电视台的媒体集团之一，旗下拥有 32 家电台和 42 家电视台，RTL II 即 RTL2 台是 RTL 集团在德国的几个电视之一）播放的来自科隆地区的"兄弟集体宿舍"那样的生活。

　　关于居家集体这种生活方式，我们不得不说，它虽然已经不是一件新鲜事了，但是却依然有着自身独特的魅力（尤其是被媒体巧妙的利用、进行了大量正面报道以后）。为什么呢？居家集体和学生时期的班级、青年俱乐部、自我互助小组以及其他类似的组织团体一样，为青少年之间的相处提供了一种新的关系模式，在社会学理论中，这种关系模式被称为"水平关系模式"。其最大特点在于这种关系建立在"暂时的共同利益"上。具体说来也就是：

一群年龄相同或相近的人，登上同一条船——不管是出于自愿还是受生活环境所迫——然后乘着这条船漫过时光之流。这条船只有一个航向，只能一直向前航行：在时间的洪流中，每个人都是一个泳者，只能不停地滑动自己的四肢，不让洪水漫过自己的身体，就像心理学家兼诗人曼内斯·斯宾伯写到的那样：否则他只有被溺亡的份了。

水平性——即一群年龄相同或相近的年轻人拥有的那种共同的生活步调，即他们之间同步的生活节奏——会为青少年带来很多的明显好处，比如这种同步的节奏会帮助迷茫的青年们战胜出现在自己身上的那种软弱无力或者无助的感觉，使生活在这些青年人的眼中变得不再那么让人难以忍受："其他人会紧紧地围绕在你周围。"有一种十分形象的说法：生活就像一条通向远方的小河，但是这条小河从来都不会一直保持着风平浪静；生活就像是一条危险的溪流，它会流过沙洲、碰到礁石，时而还会变成激流——比起一个人独自与这些危险抗衡，坐在同一条船上的伙伴共同努力，危急情况应该更容易被战胜。在生命的长河中，如果坐在同一条船上的成员能够互相合作，那么对于船上每一个人来说，他都将得到更多的发展机遇和更大的活动空间。由于在垂直的关系模式中，即一个社会个体与自己长辈或晚辈之间的关系，始终存在着权利的落差，存在着地位间的差异——这也是本书所讨论的主题——所以与此相比，在水平关系模式中，在一群年龄相同或相近的人群之间，团结互助的相处模式更容易被培养出来。对于不同辈分的人群来讲，他们的利益存在着本质上的差异，且这种差异是与生俱来的，由于这种差异的存在，导致了不同辈分人群之间始终存在着一种冲突，即辈分之间的冲突，这种因利益差别而产生的辈分冲突绝对不会随着时间的消逝而消失。不仅是当时德国外交部长约瑟夫·菲舍尔的号召和各种努力，过去的历史事实也向我们证明：居家集体这种生活模式对青少年的成长和发展是有利的，即使在今天，情况也是如此。当一群青涩的青少年被课业负担压得喘不过来气，辛苦努力却似乎还看不到任何未来的曙光的时候，居家集体这种生活模式可以帮他们更好地度过生命中的这段苦涩时期。早在上千年前，当整个欧洲还处于黑暗的中世纪的时候，互助会、兄弟会、宗教组织以外的宗教集会就已经遍地开花了，这些组织用各种各样的方式减轻人们心中的痛苦，大家互相扶持，共同面对当时的那个黑暗时代。

　　团结一致和友爱之情有很多共同点，所以这两种感情之间的界限并不明显，有时甚至根本就是交织在一起的，并且这种情况并不是今天才这样，而是一直如此。水平关系模式最重要的，也是最古老的一种表现形式是手足关系，即使对于有些孩子而言，他们并不希望自己有兄弟姐妹。我这里提到的手足关系中的"手足"并不见得一定是指基因相似的、有血缘关系的亲兄弟姐妹——在许多部落社会中，同龄的孩子像兄弟姐妹一样生活在一起，这些生活在一起的孩子自然不是来自同样的父母，他们之间也不一定有血缘关系。1908 年的时候，比利时人阿诺德·凡·格内普（Arnold van Gennep）首次对"成年仪式"这一概念进行了描述，[1] 通过成年仪式，一个个体将在他所生活的集体社会中得到新的地位。而衡量一个人是否该参加成年仪式的标准也是和年龄挂钩的。在文化人类学中有这个样一个观点：一个人与兄弟姐妹之间的关系（无论是狭义上的兄弟姐妹，有血缘关系的那种，还是广义上的兄弟姐妹，就像前面列举的部落社会中的那种）——在他达到了一定的年龄之后——比他与自己父母之间的关系还重要。我将举一个例子来证明这种观点——曾经

---

　　① 这一经典作品又被再次出版了：阿诺德·凡·格内普：《成年礼》，美因河畔法兰克福，1999。

有不少人类学界对居住于塞内加尔河（位于非洲）畔的曼丁卡人进行了长期的、全方位的观察，经过这种长期的观察以后，人类学家们发现了一个现象，在曼丁卡人之中，58% 的小孩子都是自己的姐姐带大的，即 58% 的女孩子都要充当自己幼小弟妹的"护工"，只有将近 20% 的孩子是由自己的亲妈妈带大的。这一现象不仅证明了手足之情的重要性，还证明了在水平关系模式中，除了同龄人之间的相互帮助，年龄不同的兄弟姐妹之间，其发展也会相互影响。现代社会中的人们一直存在着这样一种错误的认识，如果这个社会只存在父母和其他一些国家机构（幼儿园、学校）来作为"社会化代理中心"的话，那么小孩子将得到更完备、更具效果的教养。其实，水平关系（孩子与其手足之间的关系，尤其是一个小孩子与自己姐姐或哥哥之间的关系）对于孩子的社会化也有着很重要的作用——不过让手足帮助孩子走向这个社会的前提条件是，这个孩子至少要有兄弟姐妹。

有阳光的地方就会有阴影。在一个多子女的家庭中，小孩子之间除了能够互相协助，培养出手足之情外，通常也会有阴暗的一面。在新近出版的很多读物中，对于这一方面的描述不在少数，所以如果愿意的话，读者们可以找到很多这方面的相关资料。①

在动物世界中，兄弟姐们之间的关系通常处于一种十分糟糕的境地，而我们所能见到的，最常出现的动物兄弟姐妹之间的就是它们那种毫不留情的、残酷的争夺之战。有这样一个事实给人类的观察者们留下了十分深刻的印象：生活在加拉帕戈斯群岛上的海熊为了争夺继承权，会冷血地谋杀掉自己的兄弟姐妹，尤其是晚出生的海熊，对于自己的哥哥和姐姐更是不会留有任何情

① 霍尔斯特·佩特里系列作品：《兄弟姐妹——爱和仇恨，我们一生中最长久的关系》。

面，因为对于加拉帕戈斯海熊而言，它们实行顺位继承法，唯有前面的继承人全部死掉了，晚出生的那一位才会获得继承权。加拉帕戈斯雌性海熊每年最多只能生出一只小海熊，而就是这仅有的一只小海熊，绝大多数情况下也会在出生不久后被杀掉。如果这只小海熊比较幸运，没有刚出生就被杀死的话，它通常就可以顺利地再活过一年。在它差不多 1 岁左右的时候，它的妈妈又要生产了，而这只幸运存活的小海熊会将妈妈给自己生的小弟弟或小妹妹拖出住的地方，然后杀掉那只新生的小海熊——而海熊的妈妈在知道这种事实的情况下，也不会对海熊的行为做出任何干涉。但是在第二年海熊妈妈再次生产的时候，也就是原来的那只小海熊的第二个弟弟或妹妹来到这个世界上的时候，海熊妈妈会用尽自己一切力量来保护这个新生的孩子，让它不至于也被自己的哥哥或姐姐害死。

在动物世界中，如果一个动物在兄弟姐妹中的排行不好，它可能会因此而丧失生命。在人类社会中，情况有时也是如此：小孩子在出生后的两到三年的时间中，因为自己没有行走能力或行动能力不好，所以必须一直被人背着或抱着。在某些游牧民族的部落社会中，由于长时间地抱着或背着孩子会让孩子的妈妈什么事都做不了，孩子的妈妈会找一个人将自己的孩子扔掉。孩子就这样被抛弃了，就因为他们在自己妈妈的眼中是一个让她感到痛苦的负担，人种学家伊摩根·赛格（Imogen Seger）这样说道——这也是他在长期的观察和研究以后，得出的让人备感辛酸的结论。发生在海狮科动物（前面例子中的海熊就属于这一科）身上的那种例子，年长的哥哥姐姐将自己年幼的弟弟妹妹杀死的情况，绝对不会分毫不差地发生在人类的兄弟姐妹身上。但是父母溺婴或者用其他的手段将刚出生的幼儿（幼兽）杀死是一个自古以来就普遍存在的现象。父母为什么要做出这样与动物没有什么差别的行为呢？究其原因，主要不在于父母没有人性，也不在于父母不够善良，而是杀婴的行为背后隐藏着父母在家庭单位中的权威地位，这种权威地位是不容动摇的，他们认为，即使他们杀死自己刚出生的孩子，这也是他们的权利。家庭首先是一种利益共同体，超然于任何一种意识形态。所以自古以来，父母与自己孩子之间的关系以及孩子与自己兄弟姐妹之间的关系总是充满了矛盾，父母会攻击伤害自己的孩子，孩子对待自己的兄弟姐妹也是如此。

自从人类进入农业社会，并开始发展畜牧业（这一过程标志着人类从食物的采集者变成了食物的生产者，人类进入了新石器时代，是一场具有革命性的伟大变革），逐渐习惯过上定居生活以后，人类社会中兄弟姐妹之间的冲突也愈演愈烈，尤其是在一个多子女的家庭之中，涉及兄妹排行和每一个孩子的个人权利的时候。很早的农业社会以前，人类需要靠采集野果、捕鱼打猎来维持自己的生存。这时的人类还仅仅是食物的采集者，在这种生活环境中，同龄人群体即所谓的同侪团体——一群年轻人因为在同一时间举行成年礼而结合在了一起，即形成这种团体的基石是同一个成人仪式——对于一个个体，有着比亲兄弟（在人类早期，尤其是在一些母系社会中，兄弟姐妹是出自同一母亲的子宫，但是他们的父亲是不是同一个男人，这点就没人能确定了）姐妹更重要的意义。弗兰克·罗伯特·费维罗曾经写过下面的这样一段话：

"当一群人开始集合起来，将自己的时间和精力投入到一件物品的生产上时，他们也就随之开始了对这件物品的所有权的讨论，付出了劳动的每一个人都会提出自己对劳动成果的所有权（包括支配、占有、使用等权利）。农作物就是这样的一种最终劳动成果，因为农作物的种植通常是由多名劳动人员共同努力而得以完成的，所以收获之后，参加过劳动的人员会提出自己对收成以及耕地的所有权（因为为了种植农作物，这块耕地当初是大家共同开垦的）。在众多人类群组中，以血缘关系为基础的群组即由亲人构成的群组要相对简单，也更为普遍……农耕社会与游牧社会有着显著的区别，而这种区别主要是通过存在于农耕社会中的，以血缘关系或亲属关系为基础的群组来体现的，在农耕社会中，以血缘关系或亲属关系为基础的群组才是社会中的最常见、最普遍的单位，这种单位与前游牧社会中的成员群组相比，明显具有更加稳定的特点。"[①]

为了不让财产，尤其是地产被分得七零八落，在绝大多数的文化中，人们都认同一种不平均分配的财产分配方法，即对于父母的财产（遗产），每一个孩子分到手的数量将会有所不同，有时甚至会有很大的差异，一个孩子要么分走财产中的绝大部分，要么什么也得不到——在大多数的文化传统中，得到大部分财产继承权的往往是家中的长子，当然有时候也可能是最年幼的那个儿子。

最早的一份关于这一文化发展阶段（农耕时代）时期的兄弟姐妹之间关系的文字资料中也透露出，兄弟姐妹之间充满了争执、互相残杀和对彼此的致命的打击。在圣经中就有严重的发生在兄弟之间的犯罪情节——该隐杀死了自己的亲弟弟亚伯。而这个该隐的身份就是十分具有代表意义的农民（农耕社会中的主要成员）。有一部戏剧叫做《伊甸园之东》，而约翰·斯坦贝克（John Steinbeck）则是该戏剧同名小说的原作者，他将发生在该隐与亚伯之间的事情称为"这个世界上最古老的故事"。根据《圣经》的记载，导致该隐杀死亚伯的原因是上帝偏爱亚伯，总是拒绝该隐，"对该隐本人和他的献祭看都不看一眼"。而上帝究竟为什么会这么做——这个问题让一代又一代的神学家们耗尽了心神却始终没有找到一个让公众们都信服的答案。不管是对于上

---

① 同 P36 注释②。

帝耶和华还是生活在加拉帕戈斯群岛上的海熊而言，有一件事是十分肯定的，孩子为了争夺父母对自己的宠爱而常常与自己的兄弟姐妹上演全武行或者因此引发其他的暴力行为。对于我们这些人类而言，尤其是普通的凡人，这种情况自然也没有例外。

在一个多子女的家庭中，父母要做到公正地对待、不偏爱任何一个孩子，是根本不可能的——当然也不被孩子们期待，因为每一个孩子都希望自己是那个最受宠的。由于这样的原因，多子女家庭之中兄弟姐妹之间硝烟不断，发展到严重程度的就像是该隐与亚伯之间的情况，一方直接将另一方杀死；稍微好一点的情况就是雅各和以扫（《圣经》中的人物，雅各和以扫是以撒所生的双胞胎兄弟，尚在母亲腹中时，就彼此相争，出生时也如此，长大后也一直这样，雅各较受母亲宠爱，以扫怨恨雅各，这两兄弟对彼此都用尽心机），或者耶稣与他的兄弟之间那样，会怨恨对方，但还不至于发生流血冲突。关于这一点，我们可以找到很多例子：古希腊诗人赫西奥德大约在公元前700年的时候完成了自己的作品《工作与时日》。《工作与时日》是一首描写当时农民们劳作状况和"黄金时代"人民生活状况的长诗。而他当时完成这首长诗的背景是：在分配遗产的时候，他受到了来自自己兄弟珀尔修斯的欺骗（在这首长诗中，他还记载了他和自己的兄弟因为遗产而打官司这件事，只不过最后他输了）。几乎是同一时期，在西边大约500公里处的罗马，也发生了一件兄弟阋墙的事情：在古罗马神话传说中，双胞胎罗慕勒斯（Romules）和瑞莫斯（Remus）都是罗马城的建造者。不过引发他们之间冲突的并不是因为父母偏爱某一个人，而是其他的事情：瑞莫斯因为嘲笑罗慕勒斯建造的城规模太小，而被愤怒的罗慕勒斯活活打死。在艰难困苦之中辛苦建立起来的兄弟间的手足之情毁于一旦。

大家所熟知的《格林童话》中的那个有关"小哥哥和小妹妹"的故事，即我们现在所说的《汉斯和格莱特》（1819 年），我已经在前面提到过。这个故事结尾是汉斯和格莱特幸运地从森林中活着回来了，在他们共同完成了一次生死攸关的惊险旅行后，这个故事终止了。这个故事真是这样的吗？终止于此了吗？还是最后汉斯和格莱特之间的情况演变得与罗慕勒斯和瑞莫斯之间的情况差不多，这对小兄妹回到家中以后又因为其他的事情而导致彼此间的关系恶化，最后兄妹之情荡然无存？库尔图·图霍尔斯基（Kurt Tucholsky）曾经说过一段十分贴切的话："婚姻生活在绝大多数的时候都是一杯滚烫的牛奶（碰触到它以后就会被烫伤），剩下的时候则让人信感枯燥。总是出现在电影中的那种欢喜完美大结局只是真实婚姻生活中的一个出现时间最短，次数最少的现象的着重刻画。"在参阅了不少文学方面的文献和参照读物以后，作为成年人的我们应该都知道，很多民间传说故事都是以悲剧结尾的——但是在卡塞尔（Kassel），一个自古以来就有着讲故事民风的地方，一个被称为《格林童话》之乡的地方，来自这里的故事总是以一句固定话结束一个故事，并为这个故事画上一个圆满的句号："从此以后，他们在一起过着幸福快乐的日子。"我们今天生活的时代也是如此，从童话故事到充斥在各个地方的电视媒体节目，这一切都在向我们推销一种概念，最终我们自己也坚信了这种概念，拥有这种思想——自己也可以像童话故事里的主人公一样，幸福地生活在一个"梦幻国度"中。

以上列举的历史上的事件几乎都是负面的，这些事件让家庭生活蒙上了一道阴影。今天，手足之间的关系作为水平关系模式的一种重要的具体的表现形式，心理学家和社会学家开始以一种新的视角来看待这种关系。由于在过去的很多年中，专注于研究手足关系的社会学家、心理学家并不多，事实上是手足关系几乎没有引起任何研究人员的高度关注，所以对于今天的研究人员而言，这无疑是一个好消息，因为关于这一领域的研究将会有十分广阔的发展空间。在20世纪90年代的时候，手足关系逐渐成为人们关心的话题。"在过去的几十年中，不光是教会和政府部门不关注手足之间的关系以及由此而引发的矛盾，学术界对于手足关系亦是如此。"1993 年的时候，来自哥廷根的心理学家哈特穆特·卡斯滕（Hartmut Kasten）在他的一部专题著作中如此写道。① 仅仅是哈特穆特·卡斯滕的著作出版的前几个月，美国心理分析学家斯蒂芬·班克（Stephan Bank）——他著作的德语版本于 1992 年出版——还在强调说明："就像我们这个时代的所有的心理学家和心理医生知道的那样，兄弟姐妹最多也就是人类发展这个大舞台上最无足轻重的演员……在众多对于人类发展有利的理论中，涉及兄弟姐妹这个主题的理论是少之又少。"②

在过去的几年中，人们逐渐开始重新思考这种兄弟姐妹之间的关系了。这种新的思考主要集中在手足之情的感情强度和隐藏在手足关系中的势能上，在众多新观点中，霍尔斯特·佩特里（Horst Petri）称其为"我们一生中最长久的关系"。③尽管大小可能不太一样，但是在兄弟姐妹的关系中，始终存在着一种很有影响力的势能。许多科学家——尤其是女科学家，这显然是有一定原因的——都赞成这样一种观点，手足之情具有极大的势能。瑞士女社会学家卡特琳娜·莱依（Katharina Ley）曾说过下面的一段话：

"处于水平关系之中的人群可以对对方的言论进行思考（与被迫直接接

---

① 哈特穆特·卡斯滕：《手足关系》，第一卷和第二卷，哥廷根，1993，第一卷第 7 页。
② 斯蒂芬·班克和 M .D. 卡恩（M.D.Kahn）：《兄弟姐妹之间的联系》，帕德博恩，1992，第 9 页。
③ 同 P168 注释①。

受相对），可以保留自己与对方不同的观点，可以提出问题或者质疑对方的看法，对于不清楚的地方可以询问对方，可以给出对方自己知道的答案，可以选择当一个聆听者，也可以做一个倾诉者，可以和对方一起培养自己的兴趣和好奇心，所有出现在这里的人，无论是大家围成一个圈子聚在一起，还是坐在同一张圆桌旁边，他们的地位都是一样的，有着旗鼓相当的实力，享有同样的权利，但每个人并不会因此而失去自我，每个人都还保留着自己的特色，可以被明显地与他人区分出来。"[①]

对于孩子而言，自己与兄弟姐妹之间的交流和来往并不仅仅是为了降低让父母对自己的影响——就像前面列举过的塞内加尔河畔曼丁卡人的例子——对于部落社会中的孩子而言，他们对这个问题也没有那么敏感，不像来自现代社会中核心家庭、残缺家庭或者再婚家庭的小孩子（上千年以来，这种说法也同样适用于农耕社会中的其他亚文化群体）。孩子要去学习新的交流方式，学会配合他人，学会忍耐不同形式的他人对自己的干涉，在某些时候还要进行自卫，这一切听起来就像是历史，像个笑话。在与同龄人相处的过程中，他们可以完全不必如此委屈自己。与同龄人之间的关系，不管是不是自己的兄弟姐妹，可以一直保持着很活跃的状态，即使自己的父母已经住进了养老院或者早已经长眠于地下，自己与父母之间的关系淡薄或者断绝了，但是与同龄人之间的关系不会。"手足之情是人类所有感情中了不起的、也是最常见的一种感情，这种感情囊括了人类所有的情绪，这种感情如此复杂，以至于没有任何一个定义可以对此作出明确的概述。"[②]

没有兄弟姐妹的孩子，他的成长之路会走得比较艰辛。不过与这些孩子

---

① 这段话出自收集在由 H. 索尼（H.Sohni）编纂的卡特琳娜·莱依的《手足之情，心理学和社会中的水平关系模式》，哥廷根，1999。

② 同 P174 注释②，第 259 页。

相比，那些来自单亲家庭中的独生子女，成长之路会更加艰辛。摆在这群孩子面前的是这样的一个事实：他们不一定会有心灵创伤，但是比起那些来自正常家庭的、有兄弟姐妹的孩子而言，他们更易受到心灵上的创伤。如果对孩子富有监护责任的父母中的一方或两方不会处理与同龄人之间的关系，在处理与同龄人之间的关系时，老是遇到困难、出现状况的话，那么他的孩子也将更容易出现此方面的问题，因为父母本身就不会此项技能，也不可能正确地指导自己的孩子。对于没有兄弟姐妹的孩子而言，我上面说的这种情况绝对不是危言耸听，而是真的很可能会发生。

像卡特琳娜·莱依所说的那样，彼此间保持着水平关系模式的人共同度过生命中的时光，一群同龄人乘着同一条小船渡过生命的洪涛与波流——这是一个十分贴切的比喻，使得水平关系模式变得更形象直观。但是在如今的社会中，这条小船似乎暂时处于搁浅状态了，因为兄弟姐妹之间的关系，暂且不论这种关系是温和亲切的，还是具有破坏性的，基本上已经成为历史了，只有在缅怀历史的时候，生活在今天的我们才有可能见证到真正的手足之情；没有任何一个研究课题会像手足之情一样，让研究人员纠结那么长时间。还有另外一种说法是：在我们今天生活的这个社会中，独立自主的相处模式，就像瑞士女科学家卡特琳娜·莱依积极倡导的那种相处模式，已经没有发展空间了。尤其是在现代的小型核心家庭中，水平相处模式永远都只是一个传说，因为对于没有兄弟姐妹的独生子女而言，如何让他们在家中培养水平相处模式呢？

与此同时，不是以血缘关系为基础的水平关系也正逐渐丧失了其发展空间。因为从现在社会的发展趋势来看，女性朋友们聚在洗衣间这种事情将永远成为历史；由于远程教育系统的发展，孩子们可以不用再一起聚在一个大教室内听课，叫做"班级"的这种东西可能会从这个世界上消失；日常生活中越来越频繁的各种变动——比如工作、居住地点的变动——导致持久的关系网越来越难以建立，因为好不容易一个关系网形成了，由于自己换了新工作，搬了新家，那么这个关系网又不得不被打破了。单亲父母的处境并不一定都很差，但是如果单亲父母自己都不知道怎么跟同龄人和谐相处、不懂自己应该如何调整自己的行为方式，自然也不会教孩子如何正确地掌握这种技能，那么来自于这样家庭的孩子将更容易遇到与自己父母类似的难题。因为自己没有兄弟姐妹，又不善于与其他同龄人相处（这通常会让他们没有朋友），所以这种人通常都会处于一种孤立的状态。而这种孤立的状态会让他们的压力找不到合适的排泄口，导致他们承受着过大的心理压力。心理上的持久负荷又会进一步加剧他们的孤立状态——这根本就是一个恶性循环。心理分析学家沃尔夫冈·施密特鲍尔（Wolfgang Schmitbauer）曾经写过一篇题为《对于过近距离的恐惧》的文章，这篇文章中就涉及了现代人在"水平关系领域"中的所有行为模式——观点可能有一些偏颇：

"保持着彼此自由的关系，随意的晚间约会，在酒吧中认识陌生新朋友——这就是某些人群的生活模式。对于那些害怕与他人有过近距离、害怕与他人保持紧密关系的人群而言，这样的回旋余地无疑让他们感到十分舒适。每一个人都学会了扮酷，任何一种表现出来的与他人的难分难舍都将备受质疑。一个人越是说自己急切地期待与另一个人的再次会面，他将真正这样做的可能性就越低。自己与他人的关系每一天都在更新。这样的行为模式成全了每一个人的自由空间，这也是这种行为模式的魅力所在。不过，对于选择了这种行为模式的人群而言，他们也付出了相当高的代价：

他们在无形之中笼罩着一种不确定感，一种不安，尤其是对于那些在外面社会有着光鲜地位和外表的人。他们在公众面前的形象越好，在这里他们越是要小心翼翼。"①

　　与此相对，还有另外一种观点，认为人的本质是一种处于复杂的生态关系网中的动物。从这种角度来讲，人类根本不可能享有任何自由，在任何情况下都是——人类不是台球，而是一个始终与同时代的其他人紧紧捆绑在一起的存在体，如果一个人完全失去了理智，决绝地砍断自己与他人之间的联系，那么这个人也将走向毁灭。在这里，依赖可以被理解为彼此间的关系，更确切的应该说是彼此间的联系。而与依赖性有关的学问则是指正确认识这种关系的能力、天性和必要性——这种学问不光教会人们如何利用彼此之间的联系，还教人们如何建立彼此间的联系。而这种联系在移动程度上反而有助于一个人培养自己的独立自主性格。

　　以前的人们通常都有兄弟姐妹，所以在他们眼中，能够与他人处于一种水平的相处关系模式中是一件十分普通的事情，因此他们并不会很珍惜这种关系模式。现在的人们，尤其是饱受孤单和寂寞侵袭的人们，则比较陷入另一种危险之中——总是幻想着那些已经消失了的幸福的天堂般的国度，尽管事实是这种幸福国度从来就没有出现过。在社会转型时期，真正看清我们即将失去的是水平的关系模式——兄弟姐妹之间的关系也包括在内——对我们而言有着什么样的意义，这才是最重要的。我们应该做到，利用水平关系让家庭气氛变得更加活跃，但是如果没有这种水平关系的话，家庭生活也能照旧如此。我们每一个人都可以去寻找——在朋友圈中，在面对共同的业余

———————

　　① 沃尔夫冈·施密特鲍尔：《对于过近距离的恐惧》，兰贝克，1985。

爱好的时候，在自我互助小组，以及在外交部长约瑟夫·菲舍尔所要求的那样，大家以一种居家集体的生活方式生活的时候——与同龄人的水平关系。当时有很多人被迫住进了"兄弟集体宿舍"，但是让人吃惊的却是，"兄弟集体宿舍"中的最后三名成员真的做到了互帮互助，建立起了珍贵的像兄弟一般的情谊。

　　不要总是抱怨与他人之间的同步生活，也不要对自己现在的这种居家集体生活模式牢骚不断，即使到了退休的年龄，也是如此（对于那时的你而言，这种生活模式说不定还更好）。很多实例证明，我们不应该放弃自己与他人同步生活的机会。对于正在成长中的孩子而言，情况更是如此——在水平关系模式中，孩子不仅可以结识更多的同龄人作为自己的训练伙伴，还可以学到很多在长辈身边学不到的技能。

　　本章内容即将结束的时候，我将作如下的总结：

　　在所有的"社会化服务中心"中（关于"社会化服务中心"这个概念，我已经在第二章提到过了，对其职能也有了一定的介绍），同龄人或者范围再扩大一点的话就是同辈分的人扮演着很重要的角色。而自 200 年以前，所有的关于家庭及教育问题方面的研究就开始将重点放在核心家庭中的父母们身上了，所以没有人注意到同龄人或同辈人在孩子成长过程中的作用。共同玩游戏的小伙伴、幼儿园、小学中学的同学、青年俱乐部的同伴来自其他一些同侪团体的朋友都属于孩子与之建立水平相处关系的人群。那些已经"足够好的"父母，能够正确地回应孩子提出的需求的父母，在必要时也不要害怕自己变成"坏父母"（这里的"坏父母"既不同于完全放纵自己孩子的父母，也不同于将孩子管死的父母，而是适当地给孩子一些自由的父母，因为在有些人眼中，父母的这种做法是不对的，所以此处的坏父母加了引号），对于孩子的行动给予必要的帮助和支持。即使没有直接参与孩子建立与他人水平相处关系的这个过程，但是在他们这样做的时候，已经间接地实现了自己的价值。现代社会中，有些父母一直想成为自己孩子最好的朋友，所以上面的举动对于他们而言是一件十分难以办到的事情（举个最简单的例子吧，这样的父母要求孩子与自己分享所有的事情，一旦孩子在他们面前有什么秘密——即使这是一件世间最正常不过的事情——他们都接受不了，更何况让他们放手，让孩子自由地与其他人交往）。①父母们的这种做法会剥夺孩子培养独立自主性格的机会，并且还会导致孩子与父母之间的关系变得不和谐，甚至有时发展到水火不容的地步。一个小孩子骑着他的小三轮脚踏车去拜访自己的小朋友，是一件具有纪念意义的事情，并不是因为事情本身有多轰动，而是因为孩子的这种举动意味着他正在尝试踏入另外一个世界，一个没有被自己父母保护得密不透风的世界。在这件事之后的几年中，他还将一步一步地逐渐脱离自己父母的控制。父母给孩子机会，让孩子认识到没有父母陪伴在身旁的生活是什么样的，也是父母作为孩子的训练伙伴的职责之一。这样一来，父母和孩子才能为将来一定会面临的分开早做打算。与同龄人的交往在此时会对孩子有很大的帮助。他们才是孩子真正的、最好的朋友。

---

① 芭芭拉·提波尔德在《青少年性意识的形成》一书中描写过这样一个母亲，在长达几年的时间中，她每天都陪着自己的儿子上幼儿园，因为她实在不愿意和自己的儿子有片刻的分离……

后　记

　　我写这本书是为了激励天下的父母。读了这本书以后，我相信每位为人父母者都将有勇气成为"坏"父母（刚开始听起来有些似非而是）并且是在孩子也同意的情况下。

　　"正确的道理人人会说，但是人人又都在做错误的事情。"

　　威廉·布什（Wilhelm Busch）在自己的作品《虔诚的海伦娜》中这样写道。为了达到我们的目标，我们应该将有些事情倒过来才对：真正错误的事情是放弃了那些正确的。这句话真是一语中的，不要一直想着怎样才能成为好父母，我想告诉所有的父母，很多被公认为好的做法并不一定都是正确的，我们应该及时地摒弃它们，否则它们会伤害到我们的孩子。不要不假思索地去满足孩子提出的每一个愿望，不要刻意地去扫清他们成长之路上的每一个障碍，不要一直试图成为最能理解他们的朋友，不要总是无条件地支持他们所有的举动。我想劝说所有的父母，不要总是将自己的孩子当做小公主或者小王子一样地对待，不要总是给他们提供最好的一切，不要一直将他们看成是最弱势、无助的群体，并因此无限度地给他们提供支持和援助。事实证明，父母无限度的宽容和慈爱并不是孩子真正需要的东西。有一句话给我留下了十分深刻的印象："好的对立面还是好。"的确如此，凡事都有度，过度了，就会物极必反。父母应该正视自己与孩子之间的利益差异，并对其做出澄清，比如自己未经孩子的同意就将他带到了这个世界上是自己的责任，应该为此感到抱歉——并接受这样一个事实，自己与孩子之间关系最大的特点是：自己在一开始是被需要的，而后来则变成了多余的。在自己被需要的时候现身，在自己不被需要的时候自动隐退，这是一门很有技术含量的高深学问，同时也是很多父母扮演父母这个角色之所以成功的秘诀。成功的父母会给孩子培养自己独立自主性格的环境，并在必要的时候给孩子施以援手。而在孩子养成独立自主性格的这条路上，孩子会因为父母为自己设置的种种限制而生气甚至感到愤怒也是必经之事。针对这种情况，父母们必须要学会忍耐，这是"坏"父母们的必备技能。"坏"父母也爱自己的孩子，但是却不会将他们当做整个人生的中心，他们不会为孩子打点好一切，刻意地去讨好自己的孩子，而是为孩子提供或者帮助孩子找出各种机会，去锻炼他们的执行能力和坚持能力。

当这一切都成功完成了以后，他可以对自己的孩子说："另外，我想说的是，和你一起度过的时光很美好。虽然我们经常扭打在一起，但是你从中学会了很多东西，我们互相为对方制造乐趣。当然，除此之外，我也从中学会了一些东西……"

如果一切真的都进行得十分顺利的话，我们的孩子也会对上面的这番话进行思考——说不定也会回一句："你说的没错，老家伙！"除此之外，我们还有什么其他的更多要求吗？